Ados, amour, amitié(s) & trahisons

Collection dirigée
par Mahaut-Mathilde Nobécourt

Ados, galères, complexes et prises de tête
Pr Daniel Marcelli et Guillemette de La Borie

Ados, comment on vous manipule
Viviane Mahler

Ados, amour et sexualité
Version fille
Dr Irène Borten-Krivine et Dr Diane Winaver

Ados, amour et sexualité
Version garçon
Dr Sylvain Mimoun et Rica Étienne

Nora Markman
et Odile Brandt

Ados, amour, amitié(s) & trahisons

Illustrations : Philippe Tastet

Albin Michel

Sommaire

Mes amours

Mes amitiés

Introduction

À l'adolescence, les métamorphoses du corps et du cœur sont telles qu'elles changent le rapport au monde et surtout aux autres... Tout fout le camp ! Les certitudes de l'enfance s'envolent, les parents deviennent agaçants et on commence à vouloir prendre de la distance. Et puis, on est bourré de désirs, on rêve du grand amour et les amitiés prennent des proportions énormes !

On se teste, on se jette, on pleure, on rit, on se console, on s'aime, on se déteste, on s'endurcit... Les amours, les amitiés et les trahisons s'entremêlent, s'entrechoquent et mobilisent la quasi-totalité du temps et de l'énergie dont on dispose. Les questions se bousculent et les réponses se font parfois attendre...

Conçu sous forme de questions-réponses, ce livre est à prendre comme un outil, une aide pour tout ce qui touche aux relations amoureuses et amicales. Les réponses aux interrogations et problèmes évoqués ne comportent pas nécessairement de conseils et ne fixent pas non plus de normes de comportement. Pourquoi ? Parce que l'amour ne relève ni de la performance ni de l'exploit. Il n'y a pas non plus de notice, ni de guide, ni même d'instructions à suivre. On est dans la rencontre, avec tous les risques que cela comporte. Même chose pour l'amitié.

Nous souhaitons que les lecteurs et les lectrices s'en servent pour s'aider à construire leur propre chemin avec les autres. Sans vouloir les copier, en restant fidèles à eux-mêmes.

Mes amours

I

Comprendre ses sentiments

Aimer, c'est ce qui peut arriver de mieux à un être humain. C'est le moteur de la vie. La petite flamme qui nous fait exister. Tout petit, on aime sa maman, son papa, son doudou, ses frères et sœurs, et puis viennent les copains, les copines. On se sent porté et protégé par leur amour. À l'adolescence, on les aime toujours, mais d'autres sentiments plus forts émergent, mobilisent tout notre cœur et envahissent notre corps. Les relations changent entre les garçons et les filles. Le cœur s'enflamme à propos d'un geste ou d'un regard, s'emballe quand il y a réciprocité, explose quand il est délaissé ou méprisé. L'Amour avec un grand A prend désormais toute la place avec ses interrogations, ses nouveaux sentiments et sensations à comprendre, et ses questions parfois si difficiles à poser...

1

Je me déteste

Pour aimer, il faut d'abord s'aimer soi-même. C'est une nécessité. Moins on s'aime, moins on est capable d'aimer les autres... Et si on se déteste, les relations avec autrui risquent de devenir compliquées, voire impossibles !

▸ Un narcissisme qui fait du bien

La capacité à s'aimer, l'image de soi qu'on a construite et la conscience de ce qu'on est sont les conditions préalables à une bonne entente avec les autres. Rien à voir avec de l'égoïsme, il s'agit plutôt de narcissisme, plus exactement de « bon » narcissisme. Explications.

Quand on parle de narcissisme, c'est souvent dans un sens négatif. Celui-ci se regarde trop le nombril, celle-là use les miroirs... Les expressions ne manquent pas pour critiquer les gens qui s'aiment trop, parce que cela paraît risqué, voire dangereux... Narcisse[1] ne tombe-t-il pas amoureux de son propre reflet dans l'eau au point d'en oublier de manger et de boire pour finalement dépérir ?

Certains adolescents se trouvent moches le matin et très beaux le soir... D'autres pensent un jour qu'ils sont bien trop idiots pour réussir leur vie et, le lendemain, ils s'imaginent célèbres et adulés de tous. Ça change tout le temps : du matin au soir, du jour au lendemain,

1. Narcisse, personnage de la mythologie grecque.

d'un mois à l'autre... Rares sont ceux qui échappent aux nuages, dépressions et précipitations, voire aux cyclones, de cette météorologie des sentiments. Mais, entre penser que l'on n'est rien et se prendre pour une star interplanétaire, il y a assez de place pour une « juste » estime de soi nécessaire au déploiement des rapports amicaux et amoureux.

▸ L'amour de soi, ça sort d'où ?

Mais d'où vient cet amour de soi que l'on doit forcément ressentir pour bien aimer ? Est-il inné ? Non. Il se construit dès la naissance au contact de la maman ou de la personne qui s'occupe du bébé. Il s'enrichit avec la relation au père, aux frères et sœurs. Plus tard, les copains et les copines, les autres adultes qui font référence jouent également un grand rôle dans cette évolution. Plus l'enfant est accompagné et aimé, plus il prend conscience qu'il compte pour l'autre, plus il s'estime !

S'aimer, c'est prendre soin de soi, être connecté à son corps

Prendre soin de soi, ce n'est pas seulement soigner l'image que l'on donne de soi, éviter de se laisser aller extérieurement. C'est aussi apprendre à bien connaître le fonctionnement de son corps. Savoir comment il réagit en cas de stress ou de grande fatigue. Rester attentif aux excès, aux effets de l'alcool ou du tabac, aux risques encourus par la prise de drogues. C'est mesurer les risques que l'on court quand on a des relations sexuelles non protégées. C'est prendre conscience de toutes les limites que l'on veut dépasser ou pas, se demander pourquoi on veut le faire ou pas.

Si l'amour fait défaut, cela s'annonce plus compliqué... mais c'est rattrapable ! Justement au moment de l'adolescence. Puisque tout est en chantier, autant en profiter pour reconstruire ce qui est de guingois. Cela implique souvent une mise au point avec les parents et des discussions avec les copains. Des lectures, des films adaptés aident. Mais si l'estime de soi est vraiment trop défaillante, un professionnel peut s'avérer utile, un médecin de famille pour commencer, un psychologue ensuite, si les racines de cette estime de soi sont dévitalisées.

2

Dès qu'on s'intéresse à moi, je pars en courant

Paniquer et fuir, cela arrive quand on rencontre quelqu'un, surtout si cette personne nous plaît. On pense qu'on n'a pas bien vu, que ce n'est pas à nous qu'elle s'intéresse. On se demande ce qui peut bien l'attirer et la séduire et ce qu'elle nous veut vraiment. On manque de confiance en soi. Et si c'était la peur de tomber amoureux ?

▸ C'est grave ?

Ado, on est longtemps tiraillé entre l'enfant que l'on est en train de quitter et l'adulte que l'on sera. Cet entre-deux est parfois inconfortable. Quand le corps change et qu'il pousse vers d'autres personnes que ses parents et son entourage proche et familier, on peut craindre de ne pas être à la hauteur – comme un adulte – et d'être abandonné – comme un enfant – face aux relations amoureuses naissantes et à la sexualité dont on ignore encore beaucoup. Ce qui attire peut parfois faire peur, paralyser. De nombreuses questions apparaissent, les doutes font surface les uns après les autres. Les espoirs aussi...

Dans la découverte de l'amour, la peur peut souvent se faire sentir. Face à cet autre qui nous plaît, on ne maîtrise plus rien, on se sent vulnérable, prêt à fuir... Toutes ces peurs sont là pour nous rappeler qu'il y a du nouveau, qu'on est en train de franchir un cap. Et derrière ces peurs se cachent nos désirs.

▸ Jusqu'où aller ?

Paniquer et fuir peut aussi signifier que l'on craint de ne pas savoir mettre de limites à ce que l'autre veut et, surtout, à ce que l'on pourrait désirer soi-même... La question du rapport à la sexualité se pose. Si on plaît vraiment, faut-il se fixer des limites ? Même si on sait qu'on est libre d'accepter ou pas, « en situation », il est parfois difficile de prendre une décision et de s'y tenir...

La majorité sexuelle

Un jour, on se sent prêt à faire l'amour. On a alors 13, 14 ou 16 ans, il n'y a pas d'âge précis pour cela. Cependant, il existe une loi qui protège les adolescents contre les abus sexuels. En France, on est considéré comme sexuellement majeur à 15 ans. Si un garçon de plus de 18 ans a une relation avec une jeune fille de moins de 15 ans, il peut être condamné pour détournement de mineur. La loi, aujourd'hui, considère qu'un enfant de moins de 15 ans n'est pas capable de disposer de sa personne sexuellement, en pensant à tous les risques qu'il court.

▸ Qu'est-ce que je veux, moi ?

Pour contourner inconsciemment le problème et repousser l'échéance d'une vraie relation, certains s'intéressent à des garçons ou à des filles indisponibles, inaccessibles. C'est tellement plus rassurant de fantasmer une histoire, de l'imaginer, que de prendre le risque de la vivre ! Pourquoi pas, provisoirement ? Cela permet de tester toute la palette des sentiments : la jalousie, la colère, l'attente... Mais point trop n'en faut ! L'amour, c'est un peu comme le piano. On fait des gammes pour s'échauffer, puis on joue des morceaux, et enfin on fait de la musique... Si le rêve est drôlement pratique parce qu'il est réversible, l'expérience, elle, est différente : les actes comptent, ils sont irréversibles.

Alors, comment faire avec ses propres craintes ? Peut-être tout simplement en se demandant ce que l'on souhaite réellement. Est-ce que je veux être avec lui parce qu'il me drague ou parce qu'il me plaît vraiment ? Dois-je sortir avec elle pour faire comme les copains ou parce qu'elle a quelque chose de plus que les autres, ou quelque chose qui me rend fou d'elle ? En examinant de très près ses sentiments, on arrive presque toujours à définir une position. La sienne propre. Et à s'y tenir.

La première expérience sexuelle

Selon les diverses enquêtes et statistiques, l'âge du premier rapport sexuel en France est en général 17 ans. Les filles franchissent le pas davantage par amour que les garçons, qui sont plus à la recherche du plaisir[1].

Le premier rapport sexuel (avec pénétration) est un moment important dans la vie d'un adolescent, un pas significatif vers sa vie d'adulte. Même si l'envie de savoir est importante et que le désir d'être comme les autres est légitime, il est préférable de ne pas se précipiter sur le premier venu ! Le jour où cela arrive, il faut savoir prendre des précautions, car une fille peut se retrouver enceinte dès le premier rapport. Et puis, il y a les risques d'infections sexuellement transmissibles, dont le sida fait partie[2]. *L'usage du préservatif s'impose donc pour un rapport en toute sécurité.*

1. Source : enquête CSF (Ined, Inserm), 2006.

2. À lire : *Ados, amour et sexualité, version garçon*, de Sylvain Mimoun et Rica Étienne, Albin Michel, 2001 ; *Ados, amour et sexualité, version fille*, d'Irène Borten-Krivine et Diane Winaver, Albin Michel, 2001.

3

Dès que quelqu'un me plaît, je n'ose pas aller vers lui !

C'est la crainte du rejet qui peut paralyser quand on craque sur quelqu'un, la peur de ne pas lui plaire comme il (elle) nous plaît. Et plus les sentiments sont forts, plus il est possible d'anticiper un rejet radical : « Il ne va pas me répondre », « Elle va se moquer de moi devant ses copines », « Je vais avoir la honte »... Dommage, car cette peur anticipée est souvent démesurée par rapport à ce qui pourrait se passer en réalité. Évidemment, on peut tomber sur quelqu'un de foncièrement désagréable et malveillant, ce n'est pas exclu, mais c'est rare !

▸ Que risque-t-on, au pire ?

Que l'autre ne partage pas les mêmes sentiments, qu'il soit indifférent, qu'il ne se sente pas concerné par notre attirance et nos sentiments ? Oui, cela peut arriver, mais il a la possibilité de le faire savoir gentiment, sans se comporter comme une brute !

Comment savoir si on plaît à l'autre si on ne s'approche pas de lui, si on ne se dévoile pas ? Et si l'autre est aussi bloqué, intimidé devant nous, qu'est-ce qu'on fait ? Se regarder en chiens de faïence n'avance à rien...

La timidité en amour

On peut être séduit par quelqu'un et ne pas oser aller lui parler, simplement par timidité. Par crainte de ne pas être à la hauteur, mais de quoi au juste ? À la hauteur du piédestal où se situe notre idéal ? On imagine qu'on ne saura pas quoi dire et que l'on ne pourra pas s'exprimer spontanément parce qu'on ne sait pas ce que l'autre attend de nous. On aimerait tellement correspondre à son idéal comme lui correspond au nôtre. On a tellement peur de se faire (re)jeter.

S'approcher selon ses moyens...

Il n'y a pas de recette ni de mode d'emploi pour s'approcher d'un garçon ou d'une fille qui nous attire. Il n'y a que des possibilités à étudier en fonction de sa propre personnalité et de la personne que l'on a en face de soi. Il faut faire preuve d'imagination et d'inventivité selon les circonstances, mais la plupart du temps, c'est plus facile qu'on imagine.

Il y a deux cas de figure : soit on connaît la personne parce qu'on la côtoie régulièrement, au collège ou au sport, par exemple ; soit on ne la connaît que de vue (fête, grandes vacances) et on ne sait rien d'elle.

- On la connaît

Que l'on soit dans la même classe ou pas, que l'on pratique le même sport ou pas, il est bien plus facile d'entrer en contact avec quelqu'un que l'on voit souvent qu'avec une personne qui n'évolue pas dans notre monde habituel. On peut l'observer un moment avant de se lancer et cibler son approche selon ce que l'on sait de lui ou d'elle. C'est un(e) intello ? On peut l'aborder sur son terrain : « Qu'est-ce que tu lis en ce moment ? J'aimerais lire un roman sympa, tu n'as pas une idée ? », « Tu as vu tel film ? » C'est un sportif ? une sportive ? Facile : « Tu fais du judo depuis combien d'années ? Moi aussi j'aimerais bien commencer ce sport, qu'est-ce que tu me conseilles ? » Petite stratégie : prendre quelques renseignements sur lui ou sur elle auprès de ceux qui le ou la connaissent, histoire de mieux cibler son approche. C'est rassurant, même si le résultat n'est pas garanti !

- On ne la connaît pas

C'est plus délicat, parce que, dans cette situation, il y a vraiment à composer avec sa sensibilité et parfois sa timidité. Se lancer demande du courage ! Il faut trouver un prétexte, mais lequel ? À chacun de s'adapter selon la situation. Si on croise cette personne dans son quartier, on peut lui demander un renseignement, l'heure, le chemin pour aller à la gare... Si on la rencontre dans une soirée chez quelqu'un, on peut engager la conversation : « Tu connais Marco depuis longtemps ? », « Je meurs de soif, pas toi ? », « J'adore ce groupe, et toi, tu aimes ? », etc.

En réalité, il n'y a pas *une* façon de s'approcher de quelqu'un, mais plusieurs... Souvent, une fois que c'est fait, on s'aperçoit que c'était plus facile qu'on l'imaginait. Que la peur, la difficulté qu'on anticipait étaient plus éprouvantes que l'acte en soi.

▸ Si ça ne marche pas...

Difficile de se le dire, mais tant pis ! On ne force pas les sympathies, elles naissent au gré des cœurs. L'important, c'est d'avoir essayé ce qui était possible, de se dire qu'on a tout fait pour, mais qu'une relation marche à deux et que, dans ce cas précis, il n'y avait personne en face. S'entêter serait inutile et empêcherait de faire d'autres rencontres. Ce n'est pas le but, n'est-ce pas ?

4

J'ai 15 ans et je ne suis jamais tombé(e) amoureux(se), c'est normal ?

Le fait d'avoir des copains qui tombent facilement amoureux peut être frustrant si on ne vit pas la même chose. On peut même se sentir « handicapé(e) de l'amour ».

Mais ça veut dire quoi, tomber amoureux ? Difficile de répondre à cette question, car c'est indéfinissable, ou bien à chacun sa définition. On peut simplement dire que quelque chose change à l'intérieur de soi : subitement, tout converge vers une seule et même personne, tout passe forcément par elle, on ne pense plus qu'à elle, elle brille entre tous à nos yeux... À chacun de trouver les mots pour exprimer son propre sentiment.

▸ Pas de mode d'emploi !

Il n'y a pas *une* façon de tomber amoureux, pas de symptômes comme pour la grippe, pas de moment précis non plus : rien ne peut se programmer d'avance. L'amour ne se commande pas, il est là ou il n'est pas là. Il n'existe aucune obligation de tomber amoureux, ce n'est pas une norme non plus. Beaucoup de filles et de garçons n'ont d'ailleurs jamais été amoureux(ses) à 15 ans. Et il n'y a rien d'anormal.

Amour, les signes qui ne trompent pas

Si le sentiment amoureux est difficile à définir, les signes qui montrent que l'on aime se repèrent assez facilement : le cœur s'emballe, les tempes palpitent, les mains tremblent ou deviennent moites, on se sent fébrile... On est en pleine ébullition, comme un volcan avant une éruption ! On pense à l'autre, mais surtout on veut le voir, le sentir ! Il nous habite, nos yeux brillent à son évocation, à l'idée de son visage, de son prénom, de son allure, par exemple. Il devient l'objet de nos pensées, de nos préoccupations, de nos spéculations. Il fait irruption à tout moment dans notre vie. Le corps est en émoi.

On ne désire pas forcément s'approcher de lui, mais simplement le regarder ou même sentir sa présence via son odeur, sa photo, sa voix sur le répondeur... On recherche une partie de lui qui le représente tout entier. Il se peut que l'on veuille aussi tout le temps savoir où il est et ce qu'il fait. Et surtout, ce qu'il pense de nous.

▸ Pourquoi certains ne tombent-ils pas amoureux ?

Aimer peut réveiller des peurs ! On peut craindre d'éprouver de nouvelles sensations. L'amour est un sentiment totalement irrationnel, qu'on ne peut contrôler, qui peut même donner une sensation d'étrangeté par rapport à soi. En effet, on agit différemment, on fait des choses qu'on n'osait pas faire avant, on ne se reconnaît plus vraiment. On peut aussi redouter la dépendance ; anticiper le rejet de l'autre, être incapable d'accepter une désillusion... Toutes ces peurs peuvent favoriser l'« anesthésie » des sentiments et nous empêcher d'aimer. Dommage.

Certains mettent la barre trop haut : ils rêvent d'une

relation sans nuages avec un être parfait, un peu comme dans les grands films ou les grands romans d'amour. Et parce qu'ils idéalisent les relations amoureuses, ils ont très peur d'être déçus. Au lieu de laisser parler leurs émotions, ils restent collés à leurs rêves. Ça aussi, ça bloque !

D'autres n'osent pas faire le premier pas parce qu'ils sont timides et qu'ils manquent de confiance en eux. Plutôt que de l'avouer, ils préfèrent alors dire que personne ne les attire.

Enfin, il y a des adolescents pour qui un attrait intellectuel, une rencontre d'idées est nécessaire pour que naissent les sentiments, voire une histoire d'amour. C'est délicat comme approche et pas toujours compatible avec les attentes des autres.

Les blessures de l'enfance sont-elles insurmontables ?

Lorsqu'on a été mal aimé petit, le chemin peut s'avérer plus difficile pour accéder à une relation amoureuse. Cela ne veut pas dire que l'on n'aimera pas plus tard. Il faut juste savoir que personne ne pourra compenser l'amour qu'on n'a pas reçu et qu'il faudra faire avec ce manque. Même chose lorsqu'on a été aimé de façon trop exclusive, possessive. Il ne sert à rien de chercher cette exclusivité avec un partenaire : impossible de recréer ce qui a été...

Prendre conscience de ces manques peut aider à les dépasser et à se libérer pour vivre une vraie histoire d'amour satisfaisante.

Honte d'être célibataire

Toutes les filles ou presque rêvent d'avoir un petit copain. Parce que c'est « valorisant » de se sentir aimé, admiré, cajolé. La plupart des garçons en rêvent aussi. Plus secrets, ils ne l'avouent pas forcément. Mais entre désir et réalité, il y a parfois un décalage. L'amour n'est pas toujours au rendez-vous des désirs de chacun et, malheureusement, beaucoup ont du mal à vivre leur célibat parce qu'ils collent des images négatives à ce mot. On n'est ni anormal, ni débile, ni moche, ni même au rebut quand on n'a pas d'amoureux ou d'amoureuse, on est simplement entre deux histoires d'amour.

Vouloir un petit copain ou une petite amie à tout prix n'est pas une bonne idée. Ce sont des sentiments d'amour et un désir très fort d'être proche d'une personne unique et irremplaçable, qui poussent un garçon vers une fille ou une fille vers un garçon, pas l'envie de faire comme tout le monde. D'ailleurs, tout le monde n'est pas en couple...

Vierge à 17 ans, c'est normal ?

À 17 ans, plus de la moitié des filles sont encore vierges en France. C'est donc tout à fait normal. Garder sa virginité est un choix fait par plus de filles et de garçons qu'on l'imagine. Sans être vierge par choix religieux, on peut l'être parce qu'on ne se sent pas prête, parce qu'on n'a pas encore trouvé la bonne personne... ou pour d'autres raisons personnelles. Et il n'y a aucune honte à ça.

D'où vient donc cette honte ? Une fille n'aurait-elle pas de copain parce qu'elle a quelque chose qui cloche ? Un garçon n'aurait-il pas de copine parce qu'il n'assure pas ou qu'il est homo ? S'il arrive aux autres de se moquer, c'est parce qu'ils nous sentent particulièrement sensibles à ce sujet et que cela les amuse d'en rajouter. Petite cruauté entre copains... Pour parer à toute moquerie, on peut s'en sortir avec des petites phrases du genre : « Rien d'intéressant à l'horizon ! » ou : « Avoir un copain juste pour avoir un copain, non merci ! » On a le droit de placer la barre là où l'on veut, de ne pas choisir le premier venu. Se forcer à sortir avec un garçon ou une fille pour être dans la norme (des autres) est idiot : on risque de trouver cela nul et ce n'est pas très sympa d'utiliser l'autre comme pansement. En agissant ainsi, on se perd aussi de vue parce qu'on pense que l'on ne peut exister qu'à travers l'autre, que l'on ne vaut rien sinon. C'est faux ! C'est justement les gens qui ont conscience de leur propre valeur et qui assument qui ils sont, même leur célibat, qui séduisent et attirent les autres.

5

J'attends le big love avec impatience...

« Un jour, mon prince viendra, un jour, on s'aimera... » Presque toutes les filles ont la chanson de Blanche-Neige en tête ! C'est un mythe... Mais qu'est-ce qu'un mythe ? C'est un récit que tout le monde connaît, que l'on se transmet de génération en génération, qui illustre certains aspects de la vie et semble même être à la base de nos relations.

▸ Faut-il attendre le prince charmant ?

Le piège de cette attitude pour le moins romantique, c'est d'être dans une attente passive. De vivre avec l'idée qu'il n'y a rien d'autre à faire que de guetter une sorte de rencontre entièrement prise en charge par le destin.

Attendre le grand amour, c'est aussi attendre le « bon », comme si les autres étaient « mauvais ». Seulement, il n'y a ni « bon » ni « mauvais » amour. Toute expérience est profitable, même s'il arrive que la fin soit douloureuse. C'est le chemin pour se découvrir soi-même, savoir ce que l'on veut et ce que l'on ne veut pas, ce qui nous plaît et ce qui nous déplaît, ce qui nous fait souffrir et ce qui nous rend heureux... Rien ne remplace l'expérience personnelle, surtout pas celle des autres ! C'est à nous de découvrir les choses. Le grand amour n'est pas un produit fini, prêt à consommer. C'est du « sur mesure ».

▸ Un mythe tenace

Le mythe du prince charmant, c'est de trouver l'homme de sa vie, un homme qui nous aimera de manière inconditionnelle. Comme celui qui réveille la Belle au Bois dormant et qui sauve Blanche-Neige de sa torpeur. Mais que nous apprennent ces contes de fées ?

L'amour est immédiat et fulgurant
Ce n'est pas tout à fait juste, car l'amour immédiat vient d'abord d'un attrait, d'un désir physique, d'une pulsion sexuelle, alors que le véritable amour demande du temps pour se construire.

C'est lui ou elle, et personne d'autre
Il n'existerait donc qu'une seule et unique personne faite pour nous dans ce monde, alors que nous évoluons au cours de notre existence et que l'idéal amoureux change entre 15 et 50 ans ?

L'amour dure toujours
Oui, cela peut arriver... avec des moments de marée haute et de marée basse. Mais souvent, les habitudes et la lassitude finissent par user les sentiments.

L'homme protège la femme
Il serait le plus fort et assumerait son rôle de protecteur ? C'est lourd pour un homme, cela implique qu'il ne peut avoir aucune faiblesse...

La femme est un être fragile
Elle est incapable de se défendre seule ? Faux. Il existe des femmes fortes qui se débrouillent très bien seules. Il y en a aussi qui sont autoritaires, ce n'est pas pareil, ni non plus une condition nécessaire pour se sentir forte...

Aimer, c'est fusionner

Ne former qu'un ? C'est impossible, puisqu'on est deux...

▸ Un désir partagé ?

Oui et non. Oui, parce que les garçons rêvent aussi de rencontrer la fille idéale. Non, parce que souvent ils souhaitent d'abord faire quelques expériences et que l'amour n'y tient pas toujours une grande place.

À partir d'un certain âge, tous les adolescents basculent dans le désir. Les plus mûrs franchissent le pas et font leurs premières expériences amoureuses, mais alors que les filles se donnent par amour, les garçons sont plutôt à la recherche du plaisir. Toutefois, il arrive que cela soit l'inverse.

« L'âme soeur » existe-t-elle ?

Tout d'abord, l'âme sœur, c'est qui ? Un mythe aussi ? Pour les uns, c'est une personne qui sait quand on va mal : soi, version sexe opposé. Pour les autres, c'est l'épaule sur laquelle on peut se reposer, l'oreille qui écoute, les bras qui enlacent, les yeux qui parlent d'amour. Quand on la rencontre, on sait que c'est elle. Mais l'harmonie est souvent éphémère et l'idylle ne dure pas forcément. Parce que la personnalité de chacun se transforme au fil du temps : les attentes ne sont pas les mêmes à 14 ou à 18 ans et chacun évolue à son rythme. Aussi peut-on être déçu par quelqu'un qu'on a sincèrement aimé et qui a changé de telle manière qu'il ne nous plaît plus. Trouver l'âme sœur, c'est possible. La garder éternellement, c'est plus difficile. D'ailleurs, quand l'histoire est finie, on se dit qu'on ne l'a finalement pas encore trouvée et on repart sur d'autres chemins amoureux...

6

Au secours, je l'aime !

L'amour peut faire peur car il change les relations. Avant, on en rêvait, on fantasmait, on imaginait des histoires ; maintenant, on entre dans une nouvelle réalité, dans le concret. Mais qu'est-ce qui peut effrayer à ce point ?

▸ Aimer, qu'est-ce que cela signifie ?

C'est d'abord s'exposer à l'autre, guetter l'attention qu'il nous prêtera, se mettre à nu. En ouvrant son cœur, on se sent vulnérable, donc fragile. Passer du flirt aux gestes d'amour concrets, avouer ses sentiments les plus profonds sont autant de risques que l'on prend et cela peut faire paniquer. Au-delà de l'attirance, il y a aussi tout ce qui fait peur, normalement peur, délicieusement peur, mais peur quand même : on se pose des questions, on angoisse, on doute...

On peut aussi avoir la trouille parce qu'on anticipe la catastrophe : ça ne va pas marcher, je ne vais pas être à la hauteur... Comme si l'histoire était écrite d'avance.

▸ Oser prendre des risques

En réalité, quels risques prend-on ? Celui de ne pas être aimé en retour et de perdre l'autre ? Celui de se faire doubler par un(e) rival(e) ? Certes, aucune relation ne ressemble à une assurance-vie ! Mais comment savoir si elle sera un succès ou non si on n'en fait pas l'expérience, si on ne se jette pas à l'eau en avouant ses sentiments ?

Quand on aime quelqu'un, on prend aussi le risque que cela marche, que les sentiments soient réciproques. Alors, cette panique que l'on peut ressentir n'est-elle pas liée à la peur d'aimer et d'être aimé ?

Si on a déjà eu une grosse déception amoureuse, c'est un peu différent, car il faut que la plaie se referme. Le temps nécessaire pour s'en remettre, pour avoir envie d'aller vers d'autres rencontres et de s'investir à nouveau peut être plus ou moins long selon sa personnalité, son histoire.

▸ La vie qui change

Au-delà de l'histoire d'amour, être « en couple » implique une autre vision de sa vie. Tout à coup, on peut croire qu'on fonctionne comme les adultes ou presque. On n'est plus l'enfant qui pousse en graine, mais celui qui a franchi un pas et peut vivre une vraie histoire sur la durée...

C'est un tombeur (une tombeuse), mais je l'aime

On peut s'amouracher d'une personne qui est dans la séduction et qui a beaucoup de succès, un cœur d'artichaut ! On tombe dans le panneau, même si on sait à qui on a affaire, même si on est conscient du risque. À se demander ce que l'on aime chez lui ou chez elle ? ce qui nous touche à ce point... Est-ce un détail, quelque chose d'inconscient ? Souvent, on est tellement séduit qu'on espère pouvoir faire changer les choses : avec moi, ça va être différent ! Mais la désillusion de ne pas avoir été l'élu(e) risque de faire souffrir. Si on a mal vécu une rupture précédente, que l'on est encore dans un chagrin d'amour, il se peut qu'on ne puisse vivre qu'une courte histoire, sans vraie rencontre...

7

On dit que les coups de foudre ne sont pas de l'amour, c'est vrai ?

Avoir un coup de foudre, c'est tomber immédiatement amoureux de quelqu'un au premier regard. En anglais, on dit « love at the first sight » *; en allemand,* « Liebe auf den ersten Blick » *; en espagnol,* « flechazo »... *Mais il ne faut pas confondre avec « flasher » sur quelqu'un. Ce n'est pas seulement « il me plaît, je le veux », c'est bien plus que ça. C'est un sentiment qui bouleverse.*

▸ De l'amour, oui, mais de quel amour s'agit-il ?

Le coup de foudre est une forme d'amour, c'est vrai, mais pas forcément dans le sens où on l'imagine. Il peut être une porte ouverte sur l'amour. Mais en fait, c'est davantage de l'amour de soi qu'il s'agit. Comme si un coup de flash venait subitement illuminer une partie de nous restée jusqu'alors dans l'ombre. Ce qui se reflète chez l'autre et qui nous plaît tant est en réalité quelque chose qui nous appartient. Et grâce à cet état amoureux... on s'aime ! On est transporté parce qu'on a vu comme un reflet de soi chez l'autre. L'élément miroir joue un très grand rôle. On se rencontre soi-même dans l'autre.

Quand on est sous l'emprise d'un coup de foudre, on perçoit le monde différemment parce que soi-même on se sent différent, sur un petit nuage rose, dans un état second, unique, tellement agréable, on flotte...

Bien entendu, tous ceux qui vivent un coup de foudre se posent la même question : est-ce que ça va durer ? Impossible de répondre. Le coup de foudre peut déboucher sur une relation amoureuse, mais il ne garantit en rien l'avenir de la rencontre puisque, ici, la raison n'a pas de place ! L'autre est perçu de façon magique. Ça tient à peu de chose, à une odeur, une voix, un détail du visage... Un petit morceau de lui ou d'elle vient prendre toute la place et nous attire.

Pour certains, l'histoire va continuer. Pour d'autres, elle restera une sorte d'amour de soi qui se reflète. Et c'est très bien comme ça.

8

Peut-on aimer deux personnes à la fois ?

La réponse logique et morale à laquelle tout le monde s'attend est non, car l'infidélité n'est pas bien perçue dans notre société. Pourtant, il est tout à faire possible d'aimer deux personnes à la fois. Oui, cela arrive ! On en trouve un bel exemple dans le célèbre film Jules et Jim, *qui raconte l'amour d'une fille pour deux garçons. Dans ce cas, l'amour que l'on éprouve n'est pas le même pour les deux. On n'apprécie pas la même chose chez l'un et chez l'autre.*

▸ Entre les deux, mon cœur balance

L'adolescence semble propice à ce genre de situation, même si cela peut aussi se produire quand on est adulte. On veut tout parce que tout est nouveau ! L'un nous fait craquer pour son sourire, l'autre pour son humour, le troisième pour sa gentillesse... On ne sait plus où donner de la tête. D'ailleurs, faut-il vraiment choisir ou laisser la vie choisir pour nous ? Un choix s'impose !

Éprouver de l'amour pour deux personnes à la fois ne veut pas dire « sortir » avec deux personnes en même temps. Si c'est le cas, il faut avoir conscience des risques que l'on prend pour soi, mais aussi pour l'autre. Si on est sûr de souffrir à un moment ou à un autre, on est également certain de faire souffrir l'autre ou les autres... Pourquoi ? Parce que tout finit par se savoir ! Il y a toujours un petit malin qui se fait un plaisir de cafter. Parfois, il arrive même qu'on se trahisse soi-même... Ne parlons pas de la réputation. Une fille qui sort avec deux garçons en même temps est vite qualifiée de fille facile et un garçon qui a plusieurs amoureuses, de coureur ! Et il est bien difficile de faire taire les rumeurs...

Se décider, enfin

Comment faire pour choisir lorsque, entre les deux, son cœur balance ? On peut attendre que l'un s'investisse davantage dans la relation que l'autre, qu'il décide pour nous, d'une certaine manière. On peut aussi décider de faire un choix. Il arrive également qu'en se tournant d'abord vers l'un, puis vers l'autre, on s'aperçoive finalement que ni l'un ni l'autre ne convient ! Et la rencontre d'un troisième larron viendra bientôt prendre toute la place en incarnant toutes les envies à lui tout seul...

Une nouvelle rencontre

Quand on a un copain ou une copine et que, soudain, on craque pour un ou une autre, c'est qu'au fond on est disponible dans sa tête pour une nouvelle relation. Ce n'est pas un hasard, cela prouve tout simplement qu'il y a un manque. Cela arrive souvent quand on a son amoureux dans une autre ville et qu'on ne le voit pas souvent. La distance, l'absence peut faire souffrir plus que prévu et, sans le vouloir, on se rend disponible pour une nouvelle rencontre : quelqu'un apparaît, plus proche, plus accessible, à portée de main et de cœur.

On peut aussi tomber amoureux lorsqu'on est déjà en couple parce que la relation est en train de se terminer. L'amour envolé, le cœur se rend disponible pour une autre histoire qui apportera du neuf, de la surprise.

9

Je n'arrive pas à faire confiance

Il est important de distinguer la confiance en soi et la confiance qu'on a en l'autre, surtout que, souvent, la seconde dépend de la première. Car, si l'on accorde sa confiance en fonction des personnes et des circonstances, c'est d'abord une affaire personnelle ! Explications.

▸ Effet boule de neige

Il est assez fréquent de manquer de confiance, en soi, mais aussi envers les autres. Ce manque s'enracine dans l'amour de soi, il prend sa source dans les relations qu'on a entretenues avec les adultes qui ont marqué notre enfance, nos parents ou ceux qui les remplaçaient, et toutes les personnes qui étaient en position d'autorité (professeurs, éducateurs...).

Toute relation entre un enfant et ses parents (ou un adulte) est fondée, d'abord, sur la confiance. Si cette confiance est ébranlée, voire trahie, l'enfant doutera et se sentira atteint dans son intégrité. Il lui sera alors difficile plus tard d'accorder sa confiance à d'autres...

À l'inverse, certains ne se poseront aucune question et auront une « confiance aveugle » en tout le monde, c'est-à-dire, comme son nom l'indique, une confiance qui empêche de voir qui l'on a en face de soi. Au risque de devenir la bonne poire dont on abuse ou de se sentir obligé de satisfaire la moindre attente qu'on suppose chez l'autre pour s'assurer son estime. Effet pervers garanti ! Ainsi on amoindrit encore l'estime qu'on a de soi et la confiance en ses propres moyens.

▸ Faire confiance en amour, mission impossible ?

« Je n'arrive pas à faire confiance aux garçons » : c'est souvent les filles qui disent cela. Les garçons aussi ont parfois du mal à faire confiance aux filles, mais ils le disent moins. Il est vrai qu'il est difficile de se laisser aller dans les bras de quelqu'un, de lui ouvrir son cœur et d'exprimer ses sentiments.

Là encore, un petit retour en arrière est nécessaire. Un père qui nous a abandonné, par exemple, une mère absente, des parents qui ne nous écoutaient jamais - tout cela peut expliquer notre difficulté à nous laisser aller, à faire confiance. Établir un lien entre notre histoire passée et notre attitude présente, prendre conscience de ce qui s'est joué et de ce qui peut se rejouer maintenant suffit parfois à remettre les choses en place. Mais ce n'est pas toujours le cas. Si le manque de confiance marque chaque rencontre, il serait peut-être profitable d'en parler avec un psy pour dénouer ce qui se répète et repartir sur d'autres bases. La confiance en amour est un terrain fertile sur lequel poussent de merveilleuses fleurs, à condition que ce terrain ne soit pas miné !

- Pour une confiance retrouvée

Le plus difficile quand on n'arrive pas à faire confiance, ni à soi, ni aux autres, en amour comme en amitié, c'est de remonter le temps, de trouver ce qui a fait tout basculer.

Qu'a-t-il pu se produire dans ma vie passée pour que ma confiance soit ainsi brisée ? Parfois, on ne se souvient de rien, parfois le moment de la cassure est encore très présent. Ce qui compte, c'est de retrouver des points d'appui qui permettent de vivre avec les autres. Mais vers qui se tourner alors ? Et de qui se détourner ?

Pour s'en sortir, c'est de soi qu'il faut partir, c'est en soi qu'il faut chercher. La parole libère souvent les douleurs que l'on porte en soi, que l'on s'adresse à une personne proche ou à un professionnel. Écrire une lettre peut aussi avoir un effet salvateur, même si ce que l'on écrit ne sera pas lu par la personne à qui on l'adresse, même si on ne l'adresse en fait qu'à soi-même.

Après une trahison amoureuse, qu'est-ce qu'on fait ?

Aïe ! La trahison en amour peut être d'une violence infinie pour l'image que l'on a de soi et la confiance que l'on se porte. Certains la vivent tellement mal qu'aucun pardon n'est envisageable. Ils souffrent longtemps, car les blessures de l'estime de soi cicatrisent très difficilement.

D'autres pardonnent. Après moult discussions, disputes et échanges de mails ou de sms, ils finissent par retomber dans les bras l'un de l'autre avec le sentiment d'un amour encore plus fort. Un amour qui a surmonté une grave épreuve et qui tient, malgré tout.

Chacun pardonne à son niveau, en fonction de son propre baromètre sentimental et de ce qu'il peut endurer par rapport à son passé affectif sans se faire du mal.

10

Je suis incapable de séduire ceux (celles) qui me plaisent vraiment

« Le cœur a ses raisons que la raison ne connaît pas. » Cette pensée de Blaise Pascal[1] *est toujours d'actualité. Pourquoi tombe-t-on amoureux d'une personne et pas d'un autre ? À quoi ça tient ? C'est inexplicable, en fait. Mais alors, pourquoi est-il parfois si difficile d'aller vers cette personne et de la séduire ? Nos grands-mères diraient : « On ne fait pas boire un âne qui n'a pas soif », autrement dit, si on a quelqu'un d'indifférent en face de soi, on aura beau se mettre en quatre, il restera indifférent. L'amour est ainsi fait : il n'est pas toujours réciproque. Mais certaines attitudes ou idées toutes faites empêchent les choses d'arriver.*

▸ Erreur d'aiguillage

« Je n'aime que les blondes aux cheveux longs », affirme Adrien. « Moi, je craque sur les grands bruns aux yeux verts », avoue Élodie. Quand on s'attache d'abord au physique en oubliant la personnalité des gens que l'on rencontre, on prend le risque de passer à côté d'eux, sans les voir dans leur singularité, et de le regretter amèrement après. Comme si on se mettait des petites barrières invisibles.

1. Mathématicien et philosophe français du XVIIe siècle.

À méditer : les sentiments sont-ils toujours liés à des critères esthétiques ?

▸ Dr Jekyll et Mr Hyde

Quand on est très attiré par un garçon ou une fille, il est possible qu'on se sente tellement intimidé face à lui (elle) qu'on a des réactions à l'opposé de ce que l'on voudrait montrer. Au lieu de manifester son attirance, on est tétanisé et on donne l'impression d'être froid, indifférent. On dit des choses qu'on ne dit jamais. On raconte des bobards. On se construit un personnage pour se faire accepter de l'autre, à coup sûr...

Quelle est la vraie raison de ce comportement ? Pourquoi se saborde-t-on ?

▸ C'est moi d'abord

On dit : elle est tombée dans ses filets, il a été piégé par elle. En effet, la séduction est bien une arme qui nous donne un pouvoir sur l'autre. Le pouvoir de susciter son attention puis ses sentiments, le pouvoir de l'entraîner vers nous, mais pas forcément pour l'aimer. Oui, on peut aussi vouloir séduire juste pour soi, pour se ras-

La (vraie) séduction

La séduction, c'est tout ce qu'on met en œuvre pour attirer l'attention de l'autre jusqu'à l'obtention de la satisfaction de ses désirs. Si on a une bonne image de soi et que l'on n'est pas parasité par des schémas prédéfinis, on est dans de bonnes conditions pour séduire, mais le résultat n'est pas garanti.

surer sur sa capacité à plaire, se réconforter. Parce qu'on manque tellement de confiance en soi...

À méditer : quand ça ne va pas très bien, ne faut-il pas demander de l'aide ?

11

Je ne lui ai jamais parlé, pourtant je l'aime !

On peut tomber amoureux(se) de quelqu'un qu'on croise dans les couloirs du collège et avec qui on n'a pas échangé un seul mot. Si cette personne est accessible, qu'on la croise souvent, il y a toujours un moyen de lui parler. Encore faut-il le vouloir et avoir le cran de le faire !

▸ C'est quoi ce sentiment ?

Tomber amoureux d'une personne qu'on ne connaît pas est un sentiment amoureux comme un autre. C'est un peu un coup de foudre, parce qu'il est instantané et qu'il augmente à chaque fois qu'on croise cette personne, même si elle ne nous parle pas. Disons que c'est la première étape d'une histoire, mais qu'on ne s'est pas (encore) rencontrés. Toutes les histoires d'amour ne commencent-elles pas par un simple regard ? Certes, mais le danger, c'est de rester prisonnier de cette « belle » image et de ne jamais aller voir ce qui se cache derrière. Comme si on avait peur.

▸ Le même constat pour tous

« Tu n'as qu'à te lancer ! » conseillent les amis, comme si eux ignoraient les hésitations. En un sens, ils n'ont pas tort : aborder l'autre serait le plus simple. Au moins, on saurait tout de suite si l'histoire est possible ou pas. Mais voilà, on n'y arrive pas toujours ! Parce que c'est difficile de faire le premier pas. Parce que la confrontation entre l'autre rêvé et l'autre dans la réalité semble impossible. Les raisons sont nombreuses, mais elles aboutissent toutes au même constat : la peur d'aimer et/ou d'être aimé.

▸ L'amour sans risques

Quand on a peur, on évite de prendre des risques. Surtout dans le domaine sentimental. On peut ainsi vouloir garder « inconsciemment » pour soi l'amour que l'on ressent pour un(e) inconnu(e). On préfère rester amoureux(se) d'une image que se confronter à la réalité. Libre à nous de fantasmer et d'écrire cette histoire comme on veut.

Il se peut aussi qu'on soit dans une attente secrète. L'attente que nos sentiments muets aient tellement de puissance qu'ils atteignent l'autre, comme la flèche de Cupidon !

▸ C'est quand même de l'amour

Toute cette attente et ces hésitations sont parfois difficiles à vivre. C'est douloureux pour soi, car on aimerait être aimé alors qu'on est en *stand by,* en mode pause. Mais c'est peut-être une parenthèse nécessaire, après tout. Une façon comme une autre de s'habituer à l'amour et aux différentes sensations qui submergent quand on aime ! Il est des amours qui n'existent que pour faire fantasmer, pour entraîner le cœur et le corps, comme on rode une voiture ! Font-ils autant le poids que les autres ? Peut-être.

Qu'est-ce que l'amour platonique ?

L'amour platonique permet d'accéder aux relations amoureuses sans se confronter à la sexualité qui fait peur. Une façon de ne pas se détacher complètement des amours d'enfant et d'aimer sans danger. En faisant travailler l'imaginaire, il autorise les rêves les plus fous. Cet amour répond donc à ce désir de se prouver qu'on est capable du meilleur et que l'échec est impossible.

L'amour platonique est aussi une façon de découvrir en douceur l'érotisme. Le désir est troublant quand il s'éveille. Beaucoup d'ados sont gênés quand ils éprouvent une attirance physique, et ne rien faire avec l'autre leur permet de ressentir les émotions tout en se protégeant.

Ne pas réussir à aller plus loin prouve en réalité que l'on n'est pas encore prêt à passer à l'acte. C'est une approche prudente. En grandissant, les expériences font leur œuvre et l'amour platonique devient de plus en plus rare.

12

Il est déjà casé, mais je l'aime !

On peut se sentir attiré par quelqu'un de complètement indifférent, quelqu'un qui ne s'intéresse pas du tout à nous. Cela arrive ! Dans ce cas, pas de chance ! Mais peut-être la prochaine fois sera la bonne. Si cela se produit souvent, voire tout le temps, c'est plus inquiétant. Cela veut dire que quelque chose se répète chez nous qui devient presque une condition pour tomber amoureux. Pour éviter de piétiner dans sa vie sentimentale, il est nécessaire de comprendre ce qui se passe car, bien souvent, on s'intéresse à des gens « pris » pour des raisons qui ne sont pas visibles à l'œil nu. En route pour un nouveau jeu de piste.

▸ C'est moi qui l'aurai !

On peut aussi s'intéresser à quelqu'un qui est pris pour se mettre en rivalité avec son partenaire. Pour voir si c'est vrai, il suffit de se poser la question : me plairait-il autant s'il n'était pas avec elle ? Suis-je sûr que ce n'est pas parce qu'elle est « occupée » qu'elle m'intéresse ? Mon but n'est-il pas de la lui piquer pour me l'approprier ? Ça rappelle un certain complexe d'Œdipe, non ? Mais au fait, qui est cet Œdipe dont on parle tout le temps ?

Œdipe, qui es-tu ?

Dans la mythologie grecque, Œdipe est un roi légendaire de Thèbes qui, après moult vicissitudes, tue son père et, sans le savoir, épouse sa mère. Sigmund Freud, le fondateur de la psychanalyse, s'est inspiré de lui pour définir un « complexe » formé par un ensemble de pulsions qui pousse le garçon à ressentir une attirance pour sa mère et une hostilité pour son père (vice versa pour la fille) et par les interdictions qui régulent les liens familiaux : c'est le fameux complexe d'Œdipe ! Il concerne autant les filles que les garçons, chacun présentant différentes formes d'attachement à chacun des parents à différents moments. Pour les filles, par exemple, l'amour premier de la mère ouvre sur la possibilité de se transformer en sa rivale par rapport à son père.

Avec l'aide de ses parents, chaque enfant accepte de renoncer aux désirs impossibles en intégrant l'interdit de l'inceste. C'est un passage obligé qui rend plus tard capable d'aimer ailleurs que dans son foyer, de construire un couple, une famille. Et qui est à l'origine de notre style singulier d'aimer et de nouer des amitiés.

▸ Une rencontre qui fait peur

Il arrive parfois qu'on s'intéresse à un garçon ou à une fille engagé(e) ailleurs parce qu'on a tout simplement peur de rencontrer quelqu'un de disponible. Peur de se retrouver en face d'un amoureux/d'une amoureuse pour de vrai et de « devoir » s'engager ! Parfois, c'est parce qu'on a été déçu et qu'on ne veut plus souffrir, mais le plus souvent, c'est un manque de confiance en soi qui engendre cette attitude. On préfère rester en retrait tout en développant des sentiments ardents, en rodant son cœur et ses émotions. Et, à notre grande surprise, c'est souvent quelqu'un d'autre qui apparaît et qui nous entraîne presque malgré nous dans une histoire bien réelle. Avant même qu'on ait le temps de dire ouf !

▸ La faute à pas de chance ?

Malheureusement, il arrive qu'on n'y soit pour rien ! Que la peur de la rencontre ou le complexe d'Œdipe n'aient rien à voir avec tout ça. Un garçon qui n'est pas ou plus attaché à sa copine peut se montrer tellement disponible qu'on se sent autorisé à s'intéresser à lui ! Comme si le feu passait soudain au vert !

Dans ce cas, il est important de savoir à quoi s'en tenir. Semble-t-il ouvert à une nouvelle aventure parce que son histoire est presque finie ? Ou la séduction est-elle un sport pour lui ? Un sport qu'il pratique d'autant plus volontiers et plus facilement qu'il est en couple, en toute « sécurité » et qu'il ne risque rien ? S'adresse-t-il à nous en particulier ou à toutes les filles qui croisent son chemin ?

On peut aussi avoir à faire à un garçon qui veut rendre sa copine jalouse. Là, c'est vraiment leurs oignons et on n'a rien à voir avec cela. Au pire, on sert de prétexte à un rapprochement entre eux, un pansement sur leur relation qui bat de l'aile. Non, merci.

Dernier cas pas plus sympa : il y a malheureusement des garçons et des filles qui ont tout le temps besoin de séduire et qui, même accompagnés, vérifient constamment leur pouvoir de séduction pour se sentir exister. Là encore, c'est leur problème... À nous d'avoir la sagesse de ne pas marcher dans la combine, à moins que cela nous plaise...

13

Si moi, je l'aime, pourquoi ne m'aime-t-il (elle) pas ?

Parce que lui, il n'est pas moi ! Les sentiments qui surgissent en soi ne correspondent pas nécessairement aux sentiments des autres : cela ne fonctionne pas en miroir. La réciprocité n'est pas automatique en amour. Cela serait trop beau...

▸ Abracadabra ?

Il n'y a pas de remède ni de formule magique pour que l'autre nous aime. On peut essayer de le (la) séduire en lui manifestant notre intérêt, lui écrire une lettre pour que les choses soient claires... mais malheureusement (ou heureusement ?) les sentiments ne se commandent pas. Ils naissent et grandissent comme des fleurs, mais pas toujours dans les mêmes jardins ! Cela ne remet en question ni la valeur de chacun, ni même son pouvoir de séduction. Il vaut mieux apprendre à ne pas insister quand c'est inutile. La vie continue, et avec elle de nouvelles rencontres.

S'il m'aime, dois-je aussi l'aimer ?

C'est assez négatif d'être avec quelqu'un uniquement parce qu'il nous aime. C'est comme si on cherchait un miroir pour se rassurer sur sa beauté, son pouvoir de séduction et se sentir « aimable ». Il ne s'agit pas d'un véritable échange, on risque d'utiliser l'amour de l'autre pour se sentir bien, pour recharger ses piles narcissiques en se sachant aimé(e) et pour se « servir » sans donner grand-chose en retour. On se remplit de son énergie, on la lui pompe ! Ce n'est bien évidemment pas une base suffisante pour une relation à deux.

Il arrive parfois que l'amour de l'autre soit entraînant, comme contagieux, et qu'on l'aime à retardement. Pourquoi pas ? L'amour ne commence pas toujours par un coup de foudre. On peut être séduit et, petit à petit, finir par tomber soi-même amoureux. Mais c'est rare.

14

Je suis amoureux(se) d'une star

L'adolescence est une période compliquée parce qu'on est très attiré par l'autre sexe et, en même temps, on en a (très) peur. Les stars permettent d'aimer sans se sentir en danger. Très souvent, grâce à elles, le cœur s'entraîne à éprouver des sentiments et le corps résonne. On s'observe « en situation amoureuse », on voit ce qui nous plaît ou ce qui ne nous plaît pas. Et puis l'être aimé ne peut être qu'idéal puisqu'on n'a pas « accès » à ses défauts ni à sa vraie présence et, même si on sait des choses négatives sur lui, des détails de sa vie peu reluisants, on lui trouve des excuses. On ne connaît que ce qu'on apprend par les médias, on ne voit que des photos retouchées et la réalité est toujours embellie. Libre à nous d'inventer le reste, de fantasmer infiniment.

▸ Le pourquoi du comment

Pourquoi lui ? Pourquoi elle ? Certainement parce que quelques particularités de son personnage public ou des rôles qu'il (elle) joue résonnent en nous. S'il s'agit d'un chanteur, ses paroles peuvent évoquer les difficultés qu'on traverse, dire avec des mots justes ce qu'on n'arrive pas à exprimer, créer une complicité qui peut être à l'origine de sentiments de gratitude et de reconnaissance vite identifiés comme de l'amour, un amour qu'on porte à cet artiste parce qu'on se sent compris. Ses chansons traduisent ce que l'on vit et, s'il les chante si bien, c'est qu'il vit ou a vécu la même chose. Comme s'il fallait que l'autre ait vécu les mêmes expériences pour l'aimer sans crainte.

▸ Trop, c'est trop

Craquer sur un personnage public inaccessible peut fonctionner comme un moteur. Mais, puisque ce sentiment ne peut être contrebalancé par la réalité et reste un pur fantasme, il peut envahir toute la vie et devenir un vrai cauchemar. À trop se focaliser sur un personnage absent, on se coupe de la réalité et des amours possibles. C'est dommage.

Que faire alors ? Ne pas rester enfermé dans sa bulle, réussir à en parler avec d'autres et ne pas fuir la réalité : c'est là qu'auront lieu les vraies rencontres avec des êtres bien réels !

On peut aussi se rapprocher d'autres fans de cette célébrité. C'est l'occasion de partager, d'échanger avec d'autres personnes en chair et en os.

15

Je craque pour mon prof

Quand on est ado, il arrive souvent de se sentir attiré par quelqu'un de plus âgé, quelqu'un que l'on voit souvent et qui s'occupe de nous, qui a quelque autorité sur nous...

▸ Un charme puissant

Le professeur de sport est souvent celui qui remporte tous les suffrages, parce qu'il représente non seulement l'adulte qui sait et qui a de l'expérience, mais parce qu'il nous regarde, nous touche même parfois pour nous aider dans nos mouvements. C'est très attirant cette proximité !

On croise ce prof plusieurs fois par semaine, sinon tous les jours, il nous connaît par notre petit nom, il nous est familier... Entre copains, on parle de lui. A-t-il une fiancée ? Est-elle mariée ?

Aimer un prof, c'est moins angoissant qu'aimer un jeune de son âge. On est tout proche mais il n'y a rien de concret. C'est un peu comme avec une star : on sait bien qu'il y a très peu de chances qu'il se passe quelque chose et que cette attirance se concrétise, mais ces sentiments-là font du bien. Ils nous ouvrent le cœur. Ils nous entraînent à l'amour.

▸ Sens interdit !

Même si on a tous entendu un jour ou l'autre qu'un prof était sorti avec un élève, il n'est vraiment pas souhaitable qu'une telle aventure ait lieu. C'est même interdit ! La relation n'est pas la même d'un côté et de l'autre, elle n'est pas symétrique, c'est pourquoi l'adulte en question doit poser des limites précises pour ne pas donner lieu à une quelconque situation équivoque. Un prof qui aurait des relations avec un de ses élèves risquerait gros, très gros : une amende et même la prison !

Que dit la loi ?

Même si les sentiments sont libres, quel que soit l'âge, la loi cherche toujours à protéger les mineurs pour éviter qu'ils ne se retrouvent dans des situations où l'on abuserait d'eux. C'est pourquoi la majorité sexuelle est fixée à 15 ans. Un adulte qui a des relations sexuelles avec un mineur de moins de 15 ans, même consentant, s'expose à une peine de prison et à une forte amende. Un professeur qui a une relation sexuelle avec un mineur de plus de 15 ans s'expose aussi à des poursuites judiciaires, car la loi considère que son autorité de professeur peut amener naturellement l'élève à consentir à la relation. La peine encourue est aussi la prison et une forte amende. Même si la loi ne prévoit rien en ce qui concerne une relation entre un prof et un élève majeur, le chef d'établissement prend dans ce cas des mesures pour faire cesser le trouble qu'une telle relation risque d'engendrer dans un établissement scolaire, dans cette confusion de générations et de places des uns et des autres.

II

Avouer qu'on l'aime

Aimer, c'est une chose. Le faire comprendre, le dire, trouver les mots justes, choisir le bon moment, c'en est une autre. Dans l'idéal, on aimerait qu'il n'y ait rien à faire, que l'autre comprenne tout de suite et que les histoires soient simples. Mais cela se passe rarement ainsi. Parfois, il est nécessaire d'éveiller l'autre à notre amour, de lui ouvrir les yeux, le cœur. Parfois, il convient même d'employer les grands moyens : lui dire en face qu'on l'aime, lui faire une déclaration. Cela peut être une vraie épreuve, mais le jeu en vaut la chandelle, car même si c'est un échec, on peut repartir vers une nouvelle histoire le cœur plus léger.

16

Comment lui dire que je l'aime sans me prendre un râteau ?

Pour faire comprendre à quelqu'un qu'on l'aime, les sous-entendus et les allusions ne suffisent pas toujours. On risque de s'enliser ! L'autre en face peut hésiter parce qu'il n'est pas sûr d'avoir bien vu, bien saisi, il peut même comprendre le contraire... ou ne rien capter du tout ! Alors, comment s'y prendre ? En étant le plus clair possible... Certes, cela demande du courage de se lancer, mais plus le message est évident, plus la réponse le sera aussi.

‣ À chacun son style

Chacun doit agir en fonction de sa personnalité, de ce qu'il est capable de faire. Certains choisiront de s'exprimer par une proximité corporelle marquée, des regards soutenus... D'autres poseront des questions sans réponse possible, avec des sous-entendus pour laisser sourdre leurs sentiments : et si on partait au bout du monde, toi et moi ? D'autres encore préféreront écrire un poème, un sms, un mail... À chacun son style ! Il n'y a pas de recette puisque chacun a une manière qui peu à peu se dessine, un style qui prend forme dans la relation à l'autre et aux êtres aimés.

▸ Qui ne dit mot consent ?

Exposer ses sentiments n'est pas chose facile, même pour les adultes. Surtout quand on ne sait pas sur quel pied danser avec l'autre. Si on tombe sur quelqu'un d'ambigu ou de trop réservé, on hésite. S'il s'agit au contraire d'une personne extravertie et bavarde, on peut se sentir inhibé... Quel que soit le type de déclaration que l'on choisit, le meilleur comme le pire est possible. Si certains n'attendaient qu'un signe pour se lancer, ou s'ils ont assez d'honnêteté et de courage pour dire non, d'autres choisissent l'indifférence. Et ça, c'est une réponse d'une extrême violence, la pire des réponses. Le manque de réaction nous laisse dans l'attente et le vide ! Cela arrive fréquemment avec des personnes qui ont des sentiments confus ou qui ont peur d'une relation amoureuse. Contrairement au dicton « qui ne dit mot consent », dans ce cas, il serait plus juste de dire « qui ne dit mot refuse », et de surcroît blesse celui qui a déclaré son amour.

Il se peut aussi que cet autre ne soit pas insensible, qu'il joue simplement l'indifférence et qu'il ait besoin de temps. Dans l'excitation du moment, on a du mal à respecter réellement l'autre, son propre rythme, alors on l'a bousculé. Peut-être attend-il aussi qu'on en dise plus, qu'on se mouille davantage. D'où l'importance de s'exprimer le plus clairement possible pour que l'autre ne soit pas dans le doute, pour qu'il comprenne nos sentiments.

▸ Quand on est rejeté, c'est la honte, non ?

Dire à quelqu'un qu'on l'aime libère, c'est incontestable. Mais on peut se prendre aussi une veste : « Je suis désolée, mais moi, je ne t'aime pas ! » ou : « J'ai déjà une copine », ou encore : « Quelqu'un d'autre me plaît ». Pire : « Tu t'es bien regardé(e) ? » C'est la honte qui surgit dans ce cas, plus que la tristesse : honte que nos sentiments soient piétinés, honte de ne pas être aimés en retour...

Telle une tempête, la honte surgit brusquement et nous met à nu. Ce qui était couvert, masqué, devient intelligible, visible, reconnaissable. Nous avons pris le risque de dévoiler nos sentiments les plus secrets et nous sommes rejetés. Ça fait mal.

Sur le moment, on a l'impression qu'on ne va jamais remonter à la surface, mais c'est passager. On a pris un (gros) risque, puis un (gros) râteau, mais ce n'est pas si grave parce que, heureusement, notre existence ne se résume pas à ces sentiments-là. Ils font partie de nous, mais ils ne sont pas *tout* nous ! On existe aussi en dehors et des surprises nous attendent encore.

▸ Tourner la page

Essuyer un refus nous oblige à un moment ou à un autre à ne plus nous identifier à notre amour déçu. On ne fait plus « un » avec lui ! On ne peut plus se voir comme aimant l'autre, sinon, c'est trop douloureux. Parce que l'autre n'est pas là.

D'aucuns diront que c'est facile à dire. Qu'on ne peut pas se détacher comme ça d'une personne qu'on aime. C'est vrai. Mais, à l'inverse d'une rupture entre deux êtres qui se sont aimés et qui doivent apprendre à ne plus vivre « sans » l'autre, « sans » les activités et les amis communs, c'est de ses rêves qu'il faut se détacher. De tout ce qu'on a projeté sur la relation et qui n'a jamais été. Alors, oui, c'est possible de balayer des sentiments construits sur le sable et de retomber dans un monde concret et générateur de vie et de joies futures.

Honte, etc.

La honte n'est pas l'apanage de l'amour. Elle peut surgir dans bien d'autres situations. En général, on a honte quand on a peur d'avoir fait quelque chose de mal. Lorsqu'on trahit la confiance d'une amie ou que l'on triche au jeu pour gagner... Si ça se savait, que penserait-on de moi ? On peut aussi avoir honte parce qu'on se sent moins intelligent que d'autres, moins doué. La honte peut venir encore d'une différence sociale et/ou raciale. On ne se sent pas à la hauteur. On peut avoir honte parce que ses parents n'ont pas assez d'argent et qu'on voudrait faire partie d'un groupe où cela compte. On a honte d'eux parce qu'ils sont trop pauvres, trop intellos, trop ceci ou pas assez cela, ce qui dévoile qu'on vient de tel ou tel milieu et que ce n'est pas cela qu'on veut.

À l'adolescence, on a souvent honte aussi parce qu'on est particulièrement sensible au regard des autres. Le corps est en cours de transformation, la tête change... On est non seulement face aux autres mais face à soi-même, et ça fait beaucoup de changements à intégrer. Il est difficile de se faire une idée juste de soi, même à l'âge adulte.

▸ Pourquoi est-on parfois agressif quand on exprime ses sentiments ?

Souvent, c'est de l'agressivité qui s'exprime à la place des mots d'amour. On crache le morceau au lieu de prononcer des mots tendres. Comme si on était fâché que la personne aimée ait envahi notre cœur et qu'elle nous force à l'aimer !

L'amour peut faire peur et déclencher l'agressivité chez les plus fragiles parce qu'il implique trop de changements, surtout au début. Il nous force à manifester une tendresse nouvelle, il nous atteint physiquement en déclenchant des désirs intenses. Il nous oblige à supporter le regard des copains, à affronter les interdits des parents, à nous protéger... C'est beaucoup pour un seul ado ! Et c'est ce trop-plein qui se déverse quand on rencontre quelqu'un qui nous touche vraiment. Si on pouvait se laisser aller, ça serait si bien...

17

Ma copine craque pour son best friend, mais elle a peur de le perdre si elle le lui dit

Se rendre compte qu'on aime son meilleur ami ou sa meilleure amie est souvent très perturbant. Au point de ne pas oser l'avouer. Mais qu'est-ce qui pousse à dissimuler ces sentiments ? La peur de ne pas être aimé(e) en retour ? La crainte de gâcher la complicité qui nous unit, la peur de se ridiculiser, de perdre l'autre à jamais ? Il est légitime d'avoir des appréhensions, mais dire ce que l'on ressent permet à l'être aimé de nous reconnaître dans notre vérité. Pas facile, mais faisable.

▸ Un peu de courage

Avouer ses sentiments, c'est prendre le risque de découvrir qu'on n'est pas aimé en retour, ou pas comme on le voudrait. Si, effectivement, il n'y a pas réciprocité, on se sent profondément blessé dans son amour-propre et dans son cœur. C'est difficile à vivre.

Après avoir exprimé son refus d'une relation amoureuse, l'ami(e) en question peut aussi accuser le coup. En découvrant la vérité, des sentiments insoupçonnés, profonds et d'une tout autre nature que l'amitié, il peut être fâché de n'avoir rien vu. Il peut aussi se sentir gêné et prendre la fuite... On a brisé le pacte tacite de l'amitié et l'aveu a créé une ambiguïté dans la relation considérée jusqu'à présent comme « chaste ».

Mais avouer ses sentiments, c'est aussi prendre le risque que cela marche ! Il arrive que ce soit réciproque. Alors, pourquoi ne pas s'être déclaré plus tôt ? Pour les mêmes raisons qui nous ont poussés à nous taire jusqu'à présent : la peur du rejet, du non-amour.

▸ Reprendre le cours de l'amitié

Dire la vérité sur ses sentiments change la donne, modifie la relation : soit la confidence fait sauter les limites pour faire place à l'amour, soit elle rend l'amitié impossible, du moins pour un certain temps. Si le sentiment est réciproque, c'est alors une grande joie. Si ce n'est pas cas,

Quand c'est nous qui refusons

Apprendre que son (sa) meilleur(e) ami(e) est en fait amoureux(se) de soi, ça fait toujours un choc. Surtout quand ce n'est pas réciproque. Dans ce cas, il faut faire preuve de beaucoup d'empathie, c'est-à-dire se mettre à la place de l'autre. Cela implique de ne pas le blesser, d'accueillir son sentiment comme quelque chose d'important. S'il (elle) souffre trop de notre refus, il est peut-être bon de prendre un peu de distance, de lui écrire pour le lui dire, de lui donner rendez-vous plus tard. On lui laisse ainsi du temps pour faire le deuil de son amour tronqué...

Si c'est un gros choc et qu'une envie de le (la) rejeter apparaît parce qu'on se sent trompé, il est préférable de ne pas trop s'emporter et de prendre le large. Là aussi, une lettre peut s'avérer utile. Parfois, écrire pour soi, sans destinataire, permet d'éclairer suffisamment les choses pour savoir comment se comporter.

tant pis. Il fallait quand même le dire pour se libérer soi-même, libérer son cœur et, finalement, s'ouvrir à d'autres histoires, dès que possible. Mais comment faire si, après un refus, on souhaite poursuivre l'amitié interrompue ?

Il n'y a ni règle ni recette. Tout dépend du degré d'attachement que l'on a l'un envers l'autre. C'est à celui qui aime d'amour d'évaluer ses limites et de se poser les bonnes questions. Est-ce que je reste ami(e) avec lui (elle) pour continuer à nourrir cet amour ? Est-ce que je l'attends ? Suis-je prêt(e) à tourner la page ? Est-ce que je lui en veux de ne pas m'aimer comme je voudrais qu'il m'aime ? Est-ce que cela me fait du bien d'être quand même avec elle ?

L'essentiel est de ne pas se perdre de vue et de se poser cette question fondamentale : qu'est-ce qui est bon pour moi ? À chacun de trouver sa réponse.

18

Elle m'a demandé d'aller lui dire qu'elle l'aime

On n'est jamais si bien servi que par soi-même. Ce dicton se vérifie presque toujours en ce qui concerne les déclarations d'amour. Pourquoi ? Parce qu'une relation se fait à deux et que tout intermédiaire peut fausser le message... En revanche, rien n'empêche de se faire un peu aider pour tâter le terrain et prendre des petits renseignements par-ci, par-là.

▸ Des faux avantages aux vrais inconvénients

Quand on est amoureux de quelqu'un, on rêve que cela soit réciproque. Mais les choses ne se présentent pas toujours comme dans les contes de fées. Certains ont du mal à comprendre... Les regards ne suffisent pas toujours, les rencontres fortuites non plus, alors il faut agir : une déclaration d'amour en bonne et due forme s'impose pour savoir à quoi s'en tenir.

Oui, mais... ce n'est pas facile. Et si on se faisait accompagner ? À deux, on se sent plus courageux, mais est-ce la bonne solution ? L'autre ne va-t-il pas être mal à l'aise d'avoir un témoin ? Se comportera-t-il de façon sincère ou se refermera-t-il sur lui-même ?

On peut aussi envoyer un bon copain ou une bonne copine en éclaireur, pour jouer les intermédiaires : « Élodie aimerait savoir si tu veux sortir avec elle ! » ou : « Marco te trouve trop belle, il aimerait bien être ton copain. » On imagine que cela va être plus simple et que l'autre va répondre spontanément et sincèrement à la question posée. Que tout va être pour le mieux dans le meilleur des mondes. Mais on oublie tous les risques que l'on prend ainsi :

- Et si l'intermédiaire ne résiste pas à la tentation de tout raconter aux autres en faisant, bien entendu, promettre de ne rien répéter ? Et si, en conséquence, l'élu de notre cœur l'apprend avant même d'être informé directement ? Et si tout le monde l'apprend ?
- Et si l'intermédiaire nous fait passer pour une poule mouillée : « Elle n'ose pas te dire qu'elle veut sortir avec toi, parce qu'elle n'est jamais sortie avec un garçon » ?
- Et s'il en profite pour tenter sa chance à son profit ?
- Et s'il raconte des trucs peu reluisants sur nous ?
- Et s'il est encore plus maladroit que nous ?

Si on prenait son courage à deux mains, ce serait moins risqué...

▸ Une seule solution !

Il faut se rendre à l'évidence : quand on aime quelqu'un, c'est à lui qu'il faut le dire, pas aux autres. Les amis sont là pour écouter, soutenir, consoler, partager, nous secouer les puces, pas pour faire les choses à notre place. Et puis, même si cela est très difficile d'aller vers quelqu'un pour lui dire qu'on l'aime, quelle que soit la réponse, on est toujours extrêmement fier de l'avoir fait et d'avoir été clair.

19

Elle est toujours avec ses copines !

Les garçons éprouvent souvent des difficultés à s'approcher des filles parce qu'elles sont (trop) souvent avec leur meilleure amie ou en bande, entourées ainsi d'une sorte de barrage infranchissable, souvent hostile, qui effraie les garçons...

▸ Une forteresse infranchissable

Qu'elles partagent tout, même les vêtements, c'est un fait, mais ce qui représente vraiment un frein pour les garçons, c'est qu'elles se racontent leur vie sentimentale dans les moindres détails... Si un prétendant s'approche d'une des filles de la bande, il doit s'attendre à être jaugé collectivement. S'il est accepté, il a de fortes chances d'arriver à ses fins. Sinon... tant pis pour lui !

▸ C'est quoi une bande de copines ?

La bande de copines, pour les filles, c'est comme une deuxième famille : elles font tout ensemble et même quand elles ne sont pas ensemble, on a parfois l'impression qu'elles fonctionnent toujours en groupe. Pourquoi ? Parce que, ensemble, les filles se sentent comme dans un cocon. Protégées de la dureté du monde extérieur, elles sont moins fragiles, elles sont en confiance, solidaires...

De quoi parle-t-on quand on fait partie d'une bande ? De tout : des garçons, des premières expériences, de la mode, des produits de beauté, de la télé, du ciné... On se raconte ses secrets, ses petits chagrins et ses grandes joies, on s'entraide, mais parfois on se trahit aussi. Toutes les copines ne nous veulent pas forcément du bien.

▸ Savoir se libérer, tout en restant bonnes copines !

Faire partie d'une bande, c'est bien, mais... il y a des inconvénients : on fonctionne en groupe souvent au détriment de l'individu. Un garçon se présente ? On l'observe au microscope. Il s'approche d'une fille ? On le teste. Il sort avec une fille du groupe ? À condition qu'elle ne s'éloigne pas des autres. Résultat : le nouveau couple d'amoureux peut mettre une croix sur une partie de son intimité, car la fille risque de rester scotchée à ses copines...

Comment ménager la chèvre et le chou quand on est soi-même dans une bande ? Tout simplement en posant

Et les garçons ?

Bien entendu, il y a aussi des garçons qui fonctionnent en bande. Certains ont parfois du mal à s'en détacher, comme les filles. Mais ce qui arrive le plus fréquemment quand une fille sort avec un garçon, c'est que celui-ci traîne souvent un copain avec lui. Célibataire la plupart du temps. Souvent un « boulet » qui ne peut rien faire tout seul et qui parle à son copain comme si la fille n'était pas là. Là encore, les limites sont nécessaires. Car ce type de relation ne fait du bien à personne. La fille est frustrée, l'amoureux est mal à l'aise et le troisième larron ne risque pas de prendre son envol s'il reste collé aux deux autres...

des règles et des limites. En gros, les copines d'un côté, l'amoureux de l'autre. Pas les deux en même temps, ou juste le temps d'une soirée ou d'une sortie. L'amour a besoin d'intimité et de solitude à deux.

III

Quand l'amour est là

Tomber amoureux, on n'y peut rien ! Cela s'impose à nous et il est rare de pouvoir réprimer ses sentiments. Si l'amour est réciproque, on est au paradis ! Si ce n'est pas le cas, on essaye de séduire l'autre, de lui avouer qu'on l'aime et de mobiliser toute son énergie pour que la relation existe. Mais, une fois que ces étapes sont franchies avec succès, les choses ne font en réalité que commencer ! Les questions et interrogations s'enchaînent, le doute s'installe parfois et souvent la peur de perdre l'autre devient une obsession.

20

Avec lui (elle), c'est pour la vie

Lorsqu'on tombe follement amoureux, on se laisse gagner par la magie des sentiments. On a envie de traverser la vie avec l'amour pour seul bagage, sans se préoccuper du temps qui passe. On se sent fort, fort de ses sentiments, fort de son présent et de son avenir. On est tellement bien ensemble qu'il n'y a aucun doute : c'est pour la vie !

▸ Jusqu'à quand ?

Pour la vie ? Pour toujours ? Disons plutôt : tant que ça dure – nuance. Quand on sort avec quelqu'un, on a envie que cela soit toujours la fête, que l'on découvre, partage, échange sans cesse. On souhaite que cela ne s'arrête jamais. Mais ce n'est pas possible puisque rien n'est éternel ! Bien entendu, il existe des gens qui passent toute leur vie ensemble, mais c'est très rare, et leurs motivations ne sont pas toujours celles qu'on croit.

Même si on a du mal à se l'avouer, c'est rassurant de se dire que c'est pour la vie, pour toujours. Pour certains, c'est même une condition pour être bien avec quelqu'un... Alors, pourquoi pas ?

▸ Entre rêve et réalité

Une relation amoureuse sans le moindre nuage, tout le monde en rêve. Surtout quand on voit autour de soi les couples se séparer en se déchirant. Se sentir en totale harmonie, à l'abri des conflits avec son amoureux, quand on a 15 ans, ça rassure. Mais le tableau n'est-il pas trop idyllique ? Est-ce possible d'être toujours bien ensemble et d'être toujours d'accord ? Est-ce bien normal ? Aimer n'implique-t-il pas des disputes et des moments de doute, des séparations ? Évidemment... Même si on ne veut pas se l'avouer, une petite voix nous rappelle sans cesse que rien n'est éternel et qu'un jour viendra où...

Un petit nid d'amour avec des barreaux

Derrière le besoin de tout partager de certains amoureux, de ne jamais vivre de moments séparés l'un de l'autre, se cachent parfois la peur de la solitude et la crainte d'affronter les autres. Attention, car un petit nid d'amour peut vite se transforme en cage... voire en prison. À trop vivre en vase clos, on risque de s'étouffer mutuellement et de perdre contact avec le monde extérieur. Ou bien on prend l'autre pour un doudou dont la présence nous rassure face aux autres.

Pourtant, beaucoup ont l'impression à chaque rencontre que cette fois, c'est la bonne ! Ils se lancent tête baissée dans la relation, écrivent des poèmes, offrent des fleurs... Et ils sont sincères. Mais l'autre n'est pas toujours celui qu'on croit. Il ne nous aime pas forcément comme nous, nous l'aimons. Alors, il arrive qu'on soit déçu. Pourquoi ? À trop croire à la fille ou au garçon idéal, on perd de vue la relation telle qu'elle est. À trop vouloir faire coller son idéal à une personne, on va droit dans le mur. On craque sur les bruns aux yeux verts ou les blondes aux yeux bleus en oubliant que c'est l'intérieur qui compte dans les relations, pas l'apparence extérieure.

▸ Une certitude non partagée

La certitude d'avoir trouvé l'homme ou la femme de sa vie n'est pas toujours accueillie avec enthousiasme par les parents. Il est vrai qu'on se sent tellement fort de ses sentiments qu'on a tendance à crâner et à en rajouter. On aimerait aussi imposer celui qu'on aime à la maison, comme si c'était possible d'intégrer un couple dans la famille. Mais la plupart du temps, c'est non !

Malheureusement, les adultes ont parfois la fâcheuse tendance de casser le moral de leurs enfants. Pas consciemment, bien entendu, mais quand même... Dans un but qui se veut rassurant, ils plantent pour eux le décor en laissant de côté le facteur « découverte par soi-même ». Pour les protéger, ils leur assènent la triste réalité des choses (d'adultes), pensant ainsi qu'ils vont faire l'économie de leur propre expérience. Eh bien non, ça ne marche pas comme ça. On n'échappe pas aux expériences ! Et, de temps en temps, il serait bien de le rappeler à certains parents...

Bonnes ou mauvaises, les expériences sont là pour nous faire évoluer. Pas pour nous empêcher de vivre. Au contraire, les expériences font partie de la vie. Les parents sont là pour nous dire s'ils acceptent ou pas notre attitude en fixant des limites, pas pour casser nos rêves.

Si l'on veut éviter de se gâcher la vie à cause de leur avis, mieux vaut donc taire ce que l'on vit, ou presque. Dire que l'on est amoureux, oui, montrer qu'on est heureux, oui aussi ! Mais raconter tous les moments merveilleux passés à deux ou parler d'avenir, non ! On évite ainsi les remarques qui dérangent, et si la belle histoire tombe à l'eau, on s'économise les réflexions agaçantes du genre : « Je te l'avais bien dit » ou, pire : « J'ai vécu la même chose à ton âge. L'homme de ta vie, tu le rencontreras plus tard. » Protéger son intimité, c'est important...

21

Je dois toujours lui prouver mon amour

C'est un truc d'amoureux : « Prouve-moi que tu m'aimes », « Dis-moi que tu m'aimes »... Mais qu'est-ce que ça veut dire, « prouver son amour » ? Céder aux avances que l'on nous fait ? Accepter de coucher avec quelqu'un ? Si on croit ça, on n'a rien compris ! Faire l'amour n'est pas une preuve d'amour ni même un serment. On peut avoir des relations sexuelles sans amour... On peut coucher et aimer, mais on peut aussi coucher pour coucher !

▸ Qui doute, en réalité ?

Celui qui demande une preuve d'amour est souvent celui qui doute du sien. D'ailleurs, si on lui posait la même question, il ne saurait certainement pas quoi répondre... Il pourrait seulement affirmer qu'il est sûr de son amour ! Quant à le prouver... Peut-être est-il en fait jaloux et a-t-il seulement besoin d'être rassuré. Mais si on lui donne ce qu'il veut, si on lui fournit une preuve tangible d'amour, sera-t-il satisfait pour autant ? Pas si sûr... Il est capable d'en demander d'autres.

▸ Une preuve, deux preuves...

La preuve d'amour ne peut être qu'une idée imaginaire de ce que l'autre peut nous donner pour nous combler. Mais aucune preuve ne donnera satisfaction à 100 %. Les preuves se succéderont, toujours plus belles, toujours plus convaincantes, et cela ne suffira jamais ! Le principe est simple : « Si tu me donnes cette preuve, c'est que tu pouvais le faire, donc j'en veux une autre ! » Ce que l'on recherche inconsciemment, c'est de rester toujours insatisfait de la forme d'amour que l'autre nous donne.

D'ailleurs, pourquoi devoir prouver son amour ? Que signifie cette méfiance ? Souvent, celui (celle) qui a une telle demande manque de confiance en lui (elle) et c'est ça qui le (la) pousse à exiger des garanties impossibles à satisfaire, puisque les demandes de preuve s'enchaînent souvent sans qu'aucune satisfaction apparaisse.

Aimer jusqu'à coucher ?

Certains garçons ne manquent pas d'air ! Ils osent demander à leur copine de leur prouver leur amour en couchant avec eux. C'est nul, car c'est profiter des sentiments de l'autre pour arriver à ses fins. Même si c'est difficile à comprendre quand on a 13 ans, on peut faire l'amour sans aimer quelqu'un. Mais juste parce qu'on est attiré par lui. C'est ce qui se passe souvent chez les garçons qui sont moins en quête d'amour que de sensations. Ce n'est d'ailleurs pas réservé qu'aux garçons. Parfois, les filles aussi peuvent avoir envie de rapports sexuels sans aimer spécialement leur partenaire, mais cela vient plus tard.

Ce qui compte, c'est de pouvoir décider seul, sans influence extérieure, et de ne pas céder à la pression trop facile : « Si tu ne couches pas avec moi, je te quitte ! » Oui, ça veut dire oui, et non, ça veut dire non.

▸ Ce que cache cette demande

Demander à son partenaire de prouver son amour, c'est, inconsciemment, exiger que cet amour soit égal à l'amour reçu quand on était enfant et que l'on considérait comme inconditionnel.

Ainsi, ceux qui ont reçu peu d'amour peuvent très bien chercher à combler ce manque en étant en permanence dans l'insatisfaction, et même, ne pas être capables de reconnaître les vrais sentiments de l'autre. C'est très narcissique : on veut être aimé soit « comme on l'a été », soit « comme on aurait voulu l'être » ou encore « comme on voudrait l'être ». La seule certitude qu'on ait : « Moi, je t'aime, mais je ne suis pas sûr(e) que tu m'aimes. Alors, prouve-le ! Sinon, je douterai de toi... »

22

Il ne m'aime pas autant que je l'aime

Ça, c'est bien le propre de l'amour ! Dans une relation amoureuse, il y en a toujours un qui est convaincu d'aimer plus que l'autre. Parfois, les deux pensent la même chose et ça peut devenir un jeu. « Je t'aime plus que toi parce que je t'accepte tel(le) que tu es », « Non, c'est moi qui t'aime davantage parce que j'ai accepté ceci ou cela... » Mais on peut aussi en souffrir et développer une certaine méfiance envers l'autre.

▸ Aimer plus, aimer moins ?

Celui qui croit aimer le plus, de la façon la plus inconditionnelle, pose paradoxalement moins de conditions à son partenaire. Sa seule condition ? Être aimé en retour... Mais l'amour inconditionnel existe-t-il ? Pas sûr... Même une mère n'aime pas toujours son enfant de façon inconditionnelle.

La plupart du temps, ce sont les parents qui, malgré eux, posent des conditions à leur amour parental. Leurs exigences répétées, leur constance dans les consignes à respecter sont autant de cadres pour que la relation d'amour perdure. Même s'il y a un noyau d'inconditionnalité, ils mettent souvent la pression pour que leur enfant s'approche le plus possible de ce qu'ils attendent de lui.

Heureusement, certains parents apprennent à écouter

leur enfant et à le reconnaître dans ce qu'il veut vraiment. Ils créent ainsi de bonnes conditions pour que, plus tard, il se lance dans des relations amoureuses sans se poser la question de la mesure de l'amour. Mais tous les parents ne sont pas aussi structurants.

▸ L'amour n'est pas quantifiable !

En amour, il est évident que l'un n'aime pas comme l'autre. Personne ne pourra dire le contraire. On ne peut pas mesurer l'amour comme on pèse un kilo de pommes. Il vaut mieux accepter que l'autre ne puisse jamais nous aimer comme nous on l'aime, parce que pour aimer comme nous aimons, il n'y a que nous pour le faire !

▸ Aux crochets de l'autre...

Quand on voit des adolescents se faire des mamours tout le temps, difficile de dire s'il y en a un qui aime plus que l'autre. C'est une manière d'aimer, de faire corps avec l'autre, d'exprimer ses sentiments. Mais parfois, c'est trop... Comme si ces amoureux avaient perdu pied avec la réalité.

Les couples fusionnels, trop collés l'un à l'autre, trop dépendants l'un de l'autre, arriveront à un clash à un moment ou à un autre. Parfois aussi, dans ce genre de couple fusionnel, l'un des deux se branche sur l'énergie de l'autre : il lui laisse tout faire, tout décider. Pire : il attend de lui qu'il dirige sa vie. Alors, STOP ! On peut s'aimer très fort sans pour autant se perdre soi-même.

▸ Est-ce vrai que les filles et les garçons n'aiment pas de la même manière ?

C'est difficile à dire parce que, en la matière, les normes sociales jouent un grand rôle. On ne peut pas dire qu'aujourd'hui les filles aiment comme ci et les garçons comme ça. On peut juste constater qu'à un certain moment, dans une certaine culture, dans un certain milieu social, les filles aiment d'une façon et les garçons d'une autre, mais cela reste approximatif ! Ce qui est sûr, c'est que, dans la plupart des sociétés, les filles aiment davantage parler de ce qu'elles vivent. Cela ne veut pas dire qu'elles parlent plus que les garçons, mais qu'eux parlent autrement. Les filles aiment échanger moult détails sur ce qu'elles éprouvent dans leurs relations, quelles qu'elles soient (avec les parents, avec les copines...). C'est une manière d'apprendre ce qui ne se transmet pas nécessairement entre mères et filles par pudeur. Les garçons sont beaucoup plus dans l'« agir » et dans le partage d'intérêts communs : sports, jeux vidéo, musique... On les dit plus silencieux que les filles, ce n'est pas toujours vrai. Alors que les filles parlent volontiers de leurs relations, des apparences, de ce qui se passe ou de ce qui ne se passe pas, les garçons, eux, préfèrent agir et vivre la relation. Ils sont moins dans l'élucidation que les filles, qui cherchent à comprendre, à comparer ou à exprimer ce qu'elles sentent. Lorsqu'elles sont trop curieuses, les garçons ont tendance à construire des sortes de barrières pour se défendre de ce qu'ils perçoivent comme une intrusion.

▸ L'autre rêvé et l'autre réel

Les filles comme les garçons rêvent toujours de la personne idéale et laissent courir leur imagination au gré de ce qu'ils ressentent. Mais l'autre dans le rêve n'est pas l'autre pour de vrai. Il n'existe que pour inciter à vouloir aimer et à faire des rencontres dans la vie réelle.

Il est nécessaire d'avoir un autre rêvé, ou de rêver d'autres personnes pour essayer de faire de vraies rencontres. Mais l'autre rêvé n'est un autre que pour du rêve ! Si, dans un premier temps, une rencontre apparaît comme rêvée, tôt ou tard un élément de la réalité entrera en conflit avec le rêve qu'on veut faire exister. On sera alors déçu ou, au contraire, on se retrouvera en face de quelqu'un de mieux que dans nos rêves et peut-être même carrément à l'opposé.

Les garçons sont-ils romantiques ?

« Les garçons sont des obsédés ! », « Un mec n'est pas capable de dire je t'aime », « Le romantisme, ils disent tous que c'est un truc de filles »... Voici quelques préjugés qui collent à la peau des garçons et dont il est temps de se débarrasser. Oui, les garçons peuvent être romantiques. Tout autant que les filles. Leur problème, ce sont les copains. Difficile de ne pas perdre la face auprès d'eux quand on est fleur bleue. Pourtant, il n'y a aucune raison d'avoir honte d'être romantique. C'est même plutôt courageux dans un monde où l'amour physique est érigé en thermostat de l'épanouissement personnel. Il faut oser croire en l'amour. Et si les copains se moquent, c'est souvent par jalousie et par peur de croire en quelque chose qu'ils craignent de ne jamais connaître.

23

J'ai peur de ne pas assurer

La peur de ne pas savoir, de ne pas être à la hauteur, est un sentiment fréquent quand on débute sa vie amoureuse. Mais de quoi a-t-on peur exactement ? De ne pas savoir embrasser ? De ne pas prononcer les bons mots au bon moment ? De ne pas être assez bien pour l'autre ?

Quelle est cette gêne qui s'installe ? Y a-t-il un mode d'emploi ? Qu'entend-on par assurer ?

▸ T'es cap' ou pas ?

L'amour ne relève ni de la performance, ni de l'exploit. Il n'y a pas non de plus de notice, de guide ou d'instructions à suivre... On est dans la rencontre. Cela implique que tout peut arriver, le meilleur comme le pire. Il est tout à fait légitime d'avoir peur parce qu'on ne sait pas qui on a en face de soi. L'erreur, c'est de penser qu'il y a une certaine façon de se comporter dans une relation, un modèle à suivre, des mots à dire ou des gestes à faire dans une situation précise. Quand la relation se termine, ne se dit-on pas souvent : « Je n'ai peut-être pas fait ce qu'il fallait », « J'aurais dû dire ça et pas ça » ?

On aime les gens pour ce qu'ils sont, pas pour ce qu'ils font ou ne font pas, disent ou ne disent pas. Ce n'est pas un concours. La limite est marquée par ce qui nous semble acceptable de recevoir de l'autre ou de lui donner. Tout ce qui est inacceptable fausse la relation et l'annihile.

▸ Aux origines de l'amour

Pourquoi tombe-t-on amoureux d'un garçon ou d'une fille : pour son sourire, pour ses beaux yeux, pour sa voix ? Parce que c'est lui, parce que c'est elle. On ne sait jamais trop pourquoi, et c'est tant mieux ! Tout ne peut pas s'exprimer. Les sentiments s'installent dans les cœurs sans demander la permission. Ce n'est qu'après, quand la relation s'engage, que l'on découvre l'autre, avec ses qualités et ses défauts. Et ça marche dans les deux sens. L'autre aussi est dans la découverte. De part et d'autre, ces premiers pas peuvent être difficiles parce que la relation est jeune et fragile et qu'on ne voudrait pas qu'elle cesse à la première embûche. Si cette frousse peut donner des ailes à certains, elle en paralyse d'autres...

▸ Que faire après le premier baiser ?

Souvent, une fois qu'on s'est embrassé, on se demande si on s'est engagé dans une relation et ce qu'il faut faire pour la poursuivre. Au lieu de vivre dans l'instant et de se laisser surprendre, parfois par soi-même, en se permettant d'être spontané, même si l'on ressent de la gêne. On se prend la tête pour la suite des événements : on ne sait trop quoi dire ni trop quoi faire et on est gêné. On ignore que l'autre est peut-être aussi dans la même situation. Qu'il a également du mal à vivre le présent !

On pourrait en parler, bien sûr, mais c'est trop gênant. Le mieux est de se laisser bercer par la relation naissante, à son propre rythme et à celui de l'autre, et par les baisers, les gestes de tendresse, les fous rires, les silences, la sensation d'être en harmonie avec l'autre...

Si l'envie de faire l'amour devient pressante, le désir doit être partagé et les deux partenaires assez responsables pour se protéger. Il faut savoir qu'on peut toujours dire

Ce nouveau corps est-il désirable ?

La puberté transforme le corps et il est tout à fait normal – pour les filles comme pour les garçons – de se demander si le résultat est à la hauteur des espérances. Ai-je trop de seins ou pas assez ? Suis-je trop grosse ou trop maigre ? Est-ce que je vais encore grandir ? Ai-je l'air assez viril ?... Les adolescents se perdent souvent dans des questions sans fin, passent le plus clair de leur temps à s'observer dans le miroir et à se comparer aux autres. L'herbe est toujours plus verte chez le voisin, n'est-ce pas ? Une certaine rivalité risque d'apparaître entre copains et copines et on peut souffrir de l'image que nous renvoie la société via les publicités et les clips. Surtout si on se compare aux stars. C'est vrai que c'est désagréable de voir les garçons loucher sur les seins de Britney Spears ou les filles se pâmer devant Brad Pitt ! Comment rivaliser avec une telle concurrence, toute virtuelle et maquillée qu'elle soit ?

Malheureusement, personne n'échappe à la pression médiatique qui dit en filigrane : les filles ne sont jamais assez sexy, les garçons, jamais assez virils. Pour les ados qui ne sont pas encore habitués à leur nouveau corps et qui cherchent encore leur style, c'est assez déprimant. L'attitude la plus sage ? Faire la part des choses : s'apprivoiser soi-même, petit à petit, en trouvant son propre style et garder à l'esprit que les stars et autres mannequins sont mis en scène pour nous séduire, nous faire bisquer, et pour qu'on les prenne comme modèles !

non, même au dernier moment. Si la relation amoureuse est sincère, ce non ne l'entamera pas.

Pour une fille, se donner à un garçon est une preuve d'amour, mais elle doit être prête à le faire. Accepter de franchir le pas seulement pour faire plaisir serait une erreur... (Voir « Il veut qu'on fasse l'amour », p. 109).

24

Nous avons une grosse différence d'âge

Que l'on soit fille ou garçon, quand on est attiré par une personne plus âgée, il est bien de se poser quelques questions : que signifie cette attirance ? Que recherche-t-on chez l'autre ? Qu'est-ce qui est tellement séduisant ?

▸ Une attirance réciproque

Pour qu'un rapprochement soit possible entre deux personnes, il est nécessaire qu'il y ait séduction d'un côté comme de l'autre. Lorsqu'on a une relation avec une personne plus âgée, certains diront qu'on cherche un aîné, un père ou une mère... C'est facile et un peu rapide comme explication, même si elle contient une part de vérité. Il peut s'agir d'une recherche de stabilité, de protection ou de continuité. Bien

Qu'entend-on par une grande différence d'âge ?

Pour un adolescent de 15 ans, une fille ou un garçon de 22 ans, c'est presque un vieux ! Mais ce n'est pas ce que l'on appelle une grosse différence d'âge. Ça serait plutôt entre 13 et 24 ans ! Là, la relation se joue encore dans l'enfance. À partir de 15-16 ans, c'est différent (voir la majorité sexuelle, p. 21).

entendu, ce n'est qu'une « idée », une « représentation », car l'âge n'assure en rien ce que l'on voudrait trouver. On a tendance à croire qu'avec le temps, on devient sage, raisonnable et fidèle, mais il n'en est rien...

On peut également dire qu'on a envie d'être initié à un savoir supposé de l'amour et probablement aussi du sexe. Mais quel jeu l'adulte joue-t-il ? Ne flirte-t-il pas avec les limites de la légalité ? Sans parler de pédophilie... Quoique !

Pédophilie, ce qu'il faut savoir

La pédophilie est une attirance sexuelle que des adultes peuvent avoir pour les enfants ou les adolescents. Il peut s'agir de perversion de l'enfant avec des images ou des films pornographiques, d'attouchements ou de rapports sexuels, Ce sont des déviances sexuelles punies par la loi.

Un adulte n'a pas le droit d'avoir des relations sexuelles avec un mineur de moins de 15 ans, même si celui-ci est consentant. C'est aussi le cas si le mineur a entre 15 et 18 ans et que l'adulte en question a autorité sur lui (un prof, par exemple). C'est un abus de pouvoir.

Un enfant ou un adolescent poursuivi par ou victime d'un pédophile doit absolument surmonter sa honte et en parler à ses parents ou appeler Allô Enfance maltraitée au 119 (appel anonyme et gratuit dans toute la France 24 h/24). Mais surtout ne pas se taire !

▸ Lire entre les lignes

Dans ce type de relation, il est très important de se demander dans quelle situation le plus âgé se trouve par rapport à nous : est-ce la jeunesse qu'il aime en nous ? notre personnalité, notre intelligence ? Ou nous, pour nous ?

En général, il y a une barrière qui fonctionne chez les jeunes par rapport à leur classe d'âge. Les ados de 13 ans sont rarement avec ceux de 16 ans, sauf lorsqu'ils partagent des activités précises, la musique par exemple. La différence est trop grande entre ces deux âges. Entre 15 et 18, il se peut que la différence soit importante aussi. Et la barrière est bien là en ce qui concerne les aînés de plus de dix ans. Les affinités ne sont pas les mêmes, on ne voit pas le monde de la même manière puisque la relation à son propre corps n'est plus la même. On peut avoir des relations amicales, mais il est rare d'avoir des relations amoureuses.

Si la barrière ne fonctionne pas, si on se laisse embarquer dans une histoire avec quelqu'un de plus âgé, parce que l'on croit aimer et être aimé, il y a fort à parier que la relation ne repose pas sur les mêmes bases. Elle ne peut pas être symétrique et cela risque de faire des dégâts.

Lolita, de Vladimir Nabokov

Lorsqu'il y a attirance physique ou relation amoureuse, ça vaut la peine de se demander ce que cherche le plus âgé. Dans Lolita, *de Nabokov, la jeune fille de 14 ans est en quête d'un personnage masculin pour la paterner. En même temps, elle cherche un père qui interdira l'inceste* *(voir p. 128)* *et lui dira non. Un père sans ambiguïté à son égard, même si elle est dans la séduction comme toute jeune fille qui commence à se sentir belle, à découvrir l'effet que sa beauté et sa jeunesse produisent sur les hommes. Dans ce roman, cet homme est un locataire occasionnel de sa mère, mais ils ne sont pas amants. Il plaît à la mère de Lolita et il loge chez elle pour quelque temps. En rivalité avec sa mère, Lolita joue avec lui le jeu de la séduction à fond.*

‣ Qui doit dire non ?

On peut, même très jeune, avoir conscience que ce genre de relations est interdit. On peut aussi en avoir l'intuition, sentir que ce n'est pas normal. Mais celui qui doit connaître la loi, avec ses barrières et ses interdictions, c'est la femme ou l'homme plus âgé ! C'est à cette personne de savoir dire non et de ne pas se permettre ce saut de génération. C'est à l'adulte de faire barrage à ce rapprochement générationnel érotisé, certainement pas bénéfique pour le jeune. D'ailleurs, la loi est très claire sur ce point, elle considère qu'un enfant de moins de 15 ans n'est pas capable de disposer librement de sa personne. Il n'est pas considéré comme consentant dans le cas d'une relation avec une personne majeure. Il y a abus d'autorité, sans exception.

‣ Confusion des sentiments

La plus grande responsabilité est du côté des adultes, certes, mais il est nécessaire que l'adolescent qui se trouve dans cette situation se montre aussi responsable. Pourquoi n'est-ce pas bénéfique pour lui ? Parce qu'un adulte est presque toujours dans une position de maîtrise et de savoir-faire qui donne au jeune davantage une place d'« objet » que de « sujet ». Celui-ci subit... Pour lui la relation est d'ailleurs plus de l'ordre du fantasme : cet autre plus âgé peut tout lui apprendre, la séduction, l'amour et le sexe, et, en même temps, être son égal. Une expérience qui lui servira toute sa vie ! Peut-être... Mais qu'en est-il de la faiblesse psychique d'un jeune encore si proche de l'enfance par rapport à un adulte ?

Si l'on prend l'exemple de Lolita, on voit bien que, même si elle a cherché cette relation, même si c'est elle qui semble mener les choses d'un bout à l'autre, c'est lui qui décide des conditions de la relation, qui oriente ses caprices et ses rêveries. Tout en sachant qu'il court un risque du point de vue de la loi...

25

Il paraît que je l'étouffe avec ma jalousie

Je t'aime, un peu, beaucoup, passionnément, à la folie... et parfois même jusqu'à l'étouffement ! Quand on tient à quelqu'un, on a envie de le garder près de soi, c'est bien normal. On est très sensible aux personnes qui lui plaisent car, la plupart du temps, on revendique l'exclusivité. Conjuguée au féminin comme au masculin, la jalousie résulte d'une manière d'aimer l'autre en le voulant tout à soi. Dès qu'il fait mine de s'éloigner, on s'inquiète, on se demande ce qui se passe et on a très peur de le perdre. Mais parfois, la jalousie s'emballe : on augmente petit à petit la pression d'un cran... jusqu'à l'étouffement. Attention !

▸ Jaloux(se) de qui et de quoi ?

Tout peut faire l'objet d'une crise quand on est (très) jaloux : une discussion avec un copain ou une copine, un rendez-vous annulé, un téléphone que personne ne décroche, un vêtement trop sexy... Quand on cherche quelque chose qui ne va pas, on trouve !

Au début, on serre les dents et on supporte. On se dit qu'on n'a pas bien vu et qu'on se monte le bourrichon ! Viennent ensuite les petites réflexions. La suspicion s'installant, on monte le ton, on questionne, on espionne, on interdit... et la vie se transforme en enfer, pour les deux partenaires.

D'où vient un tel excès ? C'est souvent la crainte de ne pas être aimé qui est à la base d'un tel comportement. La peur qu'on nous préfère quelqu'un d'autre avec qui on ne peut pas faire le poids, la crainte d'être abandonné. L'impression qu'on ne mérite pas cet amour parce que, au fond, on ne s'aime pas soi-même. La jalousie révèle aussi qu'on ne fait confiance ni à soi-même, ni à celui ou celle qu'on prétend aimer, puisqu'on voudrait être tout pour l'autre alors que ça, ce n'est pas possible.

La jalousie est-elle une preuve d'amour ?

Pas forcément ! La jalousie n'est pas toujours synonyme d'amour. On peut aimer très fort quelqu'un sans en être jaloux, si l'on est sûr et certain d'avoir une grande place dans son cœur, de compter beaucoup pour lui. On peut aussi être jaloux sans qu'il y ait d'amour : il s'agit alors plutôt de possessivité. On a l'impression que les autres relations amicales qu'entretient son ami(e) nous volent quelque chose. Comme si notre seule personne suffisait et excluait toute autre forme de relation.

▸ Comment dire stop ?

La jalousie est un sentiment épuisant parce qu'il est sans fin. Rien ne semble pouvoir l'apaiser. Il existe pourtant des recettes toutes simples. Par exemple, quand on a des petites craintes ou des doutes, on peut en parler à son amoureux(se) au lieu de ruminer dans son coin. C'est rassurant et cela permet de mettre les choses au point, de parler de ses propres limites, de définir ce qui est possible, c'est-à-dire acceptable (parler avec une autre fille ou un autre garçon), et ce qui ne l'est pas (embrasser cet autre sur la bouche, par exemple), et de trouver un fonctionnement satisfaisant pour les deux partenaires du couple. Avec le temps, on peut réellement apprendre à faire confiance à l'autre et à lâcher enfin du lest... Mais pour ça, il faut en parler.

Il (elle) ne peut s'empêcher de séduire, mais je l'aime quand même

Si l'on a une relation amoureuse avec un séducteur ou une séductrice, c'est peut-être cela justement qui a été attirant au début, mais ensuite, cela peut faire souffrir ! L'avantage, c'est qu'on savait déjà à quoi s'en tenir. L'inconvénient, c'est qu'on risque d'en être malheureux. À moins que l'autre ne décide de changer pour ne pas nous perdre. Être en relation avec les autres, ça s'apprend. Le principal, c'est de ne pas se perdre de vue, d'avoir conscience de ses limites, de ce qui est supportable et insupportable et d'agir d'abord en fonction de soi, de ses sentiments et de ses limites.

26

J'ai déménagé et j'ai peur de le perdre

« L'absence est à l'amour ce qu'est le vent au feu. Il éteint le petit, il allume le grand », a écrit le poète Roger Bussy-Rabutin. Mais un proverbe bien connu dit : « Loin des yeux, loin du cœur. » Qui a raison ?

▸ Une peur légitime

« Que va-t-il se passer maintenant ? », « Va-t-il m'oublier ? », « Va-t-elle en aimer un autre ? », « Notre histoire d'amour va-t-elle continuer ? »... Quand deux amoureux sont séparés par la force des choses, chacun se pose mille questions. C'est normal. Les sentiments sont à vif et les pensées tournent en rond. Fixé sur l'autre, on a bien du mal à fonctionner. Tout devient corvée. Même si on se dit qu'on n'est pas seul à souffrir, c'est difficile à vivre.

▸ Comment faire durer la relation ?

Au début, on voit tout en noir. On se dit qu'on n'arrivera pas à tenir, que c'est foutu, mais bien vite l'espoir reprend le dessus et on cherche un moyen pour que la relation se poursuive, par-delà les kilomètres et les frontières. Un moyen, oui, mais lequel ? La communication !

Du temps de nos grands-mères, on s'envoyait des lettres et on se téléphonait parfois. Aujourd'hui, c'est différent. Il y a non seulement le téléphone et les lettres, mais aussi les mails, les sms, msn, Skype... Autant de moyens pour ne pas se perdre en route. À utiliser quotidiennement car une relation amoureuse se nourrit et s'entretient au jour le jour. Ça permet d'attendre les prochains rendez-vous, les week-ends prolongés et les vacances ! Grâce à Internet, les plus débrouillards trouvent toujours des billets de train ou d'avion pas trop chers... Il suffit de bien négocier avec ses parents et le tour est joué. Reste à barrer les jours sur le calendrier jusqu'au jour J...

▸ Blues oblige

Garder le contact n'empêche pas les passages à vide et les doutes, les moments de tristesse. Oui, l'amour est mis à rude épreuve avec la distance. Il est normal de s'interroger sur son partenaire, sur ses sentiments, ses envies, ses déceptions. On peut aussi se demander où l'on en est soi-même : suis-je encore amoureux(se) ? Suis-je prêt(e) à l'attendre ? Est-ce que je reste ainsi fixé(e) parce que la relation est devenue impossible ? Et si je rencontre quelqu'un d'autre ?

J'ai rencontré quelqu'un d'autre

On ne peut pas jeter la pierre à celui qui finit par s'éloigner... C'est humain de succomber à un amour plus proche, plus concret, dans la réalité du moment. Même si cela peut apparaître comme une trahison, il n'en est rien. Ce n'est pas la lassitude des sentiments qui est en jeu dans ce type de rupture, mais plutôt le manque de proximité, d'intimité... un besoin de réalité dans la relation.

▸ Rien ne va plus ?

Le vent a tourné et la météo des amours n'est plus au beau fixe ? Les conversations animées du début sont entrecoupées de silences. Les appels se font plus rares... Les jours passent et une vraie distance s'installe, qui n'a rien à voir avec les kilomètres. Même si c'est difficile, il vaut mieux en parler franchement que laisser pourrir la relation. Il y a du détachement dans l'air, c'est une réalité.

Si c'est nous qui nous éloignons, pourquoi ne pas le dire ou l'écrire ? Si c'est l'autre qui s'éloigne, on peut tenter d'aborder le sujet, mais, s'il refuse, inutile de le harceler. Cela ne ferait qu'envenimer les relations et on n'est pas obligé de se déchirer pour se quitter. On trouvera plus tard l'occasion d'y revenir et même de nommer ce qui a provoqué la prise de distance.

Les signes qui ne trompent pas

Les bons

Pas un coup de fil, un e-mail ou une lettre sans mots tendres ni déclarations d'amour.

On n'a jamais assez de temps pour tout nous dire.

Plus on se découvre, plus on se plaît, plus on se manque.

On fait des plans à long terme (prochaines vacances...).

Les mauvais

Nos échanges sont moins fréquents et on a moins de temps à leur consacrer.

Nos sujets de conversation s'épuisent et nous fatiguent l'un l'autre.

On découvre des côtés chez l'autre qui ne nous plaisent pas.

On commence à regarder autour de soi...

27

On n'arrête pas de se prendre la tête

Passé l'euphorie des débuts, des difficultés peuvent apparaître dans les relations amoureuses. De la petite dispute aux grosses prises de tête, tout est possible ! Certains provoquent les conflits, d'autres les entretiennent, d'autres encore les fuient. Que faut-il en déduire ? Vaut-il mieux se taire ou ruer dans les brancards quand quelque chose nous chagrine ? Ça dépend...

▸ Bataille après bataille

Parfois, au début d'une relation, on se taquine, on se houspille, on mesure son intelligence, son degré de résistance, on rivalise pour savoir qui fait mieux et qui pense mieux... Si le ton reste léger, on peut se dire que cela fait partie d'un jeu d'approche, mais malheureusement, souvent, la relation se transforme en rapport de force agaçant et pas très constructif. Se disputer n'est pas un mode de communication ! Cela signifie sans doute quelque chose de se mesurer en permanence à l'autre, mais seule une personne qualifiée pourrait le dire.

Aimer, ce n'est pas dominer l'autre ! Alors, pourquoi persister dans un rapport de force qui ne mène à rien ?

▸ Rivalité garçon/fille

Beaucoup de garçons ont besoin, au début d'une relation, de rabaisser les filles avec lesquelles ils sont. Ils les dénigrent, les critiquent devant les autres garçons, créant ainsi un rapport de supériorité. Ils s'imaginent que si certaines filles ont quelque chose de plus, cela implique qu'ils ont forcément quelque chose en moins... Mais ce n'est pas du tout cela qui se joue dans une relation. On s'aime aussi en fonction de ses possibilités et de ses impossibilités ! L'un n'a pas plus de qualités que l'autre, il est simplement différent.

Susceptible, moi ?

Dans une relation, on peut être à fleur de peau et réagir à la moindre réflexion, au moindre petit souci. C'est de la susceptibilité ! On peut gâcher une histoire d'amour quand on en a trop...

Être susceptible, c'est prendre mal les choses, ou les prendre au premier degré et se vexer. Quand on est susceptible, on ne supporte pas les critiques et on réagit de façon agressive en croyant être dans notre droit. Ou alors, on s'éloigne, pensant que l'autre nous est hostile. Comment comprendre ce qui se passe ?

La susceptibilité s'exprime par une voix critique qui est en nous. On se sent immédiatement touché lorsqu'on a l'impression que cette voix s'incarne dans ce que quelqu'un peut dire. Or il s'agit en fait d'abord d'une critique à l'intérieur de soi. Chaque mot, chaque parole atterrit dans un champ miné qui explose et qui nous renvoie à une image de nous « non aimable », dans le sens de « pas susceptible d'être aimé ».

28

Il veut qu'on fasse l'amour

Passer le cap de la première fois n'est pas évident. On peut déborder d'amour pour son petit ami ou sa petite amie et avoir peur de franchir le pas. Même si on le veut très fort, au dernier moment, on risque d'avoir envie de dire non...

▸ Une formalité ou un événement merveilleux ?

Souvent, on se compare aux autres : « Elle l'a fait avant moi ! », « Il a déjà couché avec plein de filles et pas moi »... On a parfois l'impression qu'on est en retard, alors que l'âge n'a rien à voir avec l'amour. Pour que naisse le désir physique, il est presque toujours nécessaire qu'un échange amoureux complice s'installe d'abord. Tant qu'on ne ressent pas une certaine connivence, on n'est pas prêt. Et il serait dommage de brûler les étapes sous prétexte qu'il faut faire comme tout le monde.

Entre des bisous tendres et langoureux et un vrai rapport sexuel, il y a quelques paliers intermédiaires. Mieux vaut ne pas les franchir trop vite.

▸ Savoir dire non, pouvoir dire oui

Pour une fille, il n'est pas toujours facile de savoir jusqu'où se laisser aller dans les bras de son copain. Quand on flirte, on exprime déjà plein de petits oui. On accepte des caresses de plus en plus intimes, on en fait aussi soi-même, mais on n'est pas forcément prête à tout pour autant.

Ça peut paraître idiot, mais il ne faut jamais dire oui à un garçon juste pour lui faire plaisir, pensant qu'ainsi on le gardera. On a toujours le droit de dire « non » et à n'importe quel moment. Il est essentiel de garder cette liberté. Même chose s'il y a des rapports sexuels. On peut, légitimement, ne pas aimer faire certaines caresses. Dans ce cas, il faut refuser !

Dans l'amour, tout peut être magnifique. Mais quand le désir n'est pas partagé, quand la peur est là, cela peut devenir une vraie torture... et ce n'est pas le but.

▸ La première fois

C'est une étape importante. Presque personne ne l'oublie, les filles comme les garçons. Les filles peuvent avoir un peu mal, voire saigner. Les garçons éjaculent souvent trop tôt, bien trop impressionnés par ce qui leur arrive. Ce sont des petits incidents de début de parcours. Pas de panique ! Mais l'amour n'est pas une torture, heureusement. Le corps est fait pour l'amour et le plaisir, pas pour la souffrance. S'il y a des sentiments, du désir, de la confiance, la première fois est souvent un moment fort dont on se souvient toute sa vie... à condition de ne pas y voir une corvée à expédier.

Quand on craint de ne pas assurer, c'est que l'on considère un peu le fait de faire l'amour comme une épreuve nécessaire. Or ce n'est pas le cas. Faire l'amour, c'est exprimer à l'autre qu'on l'aime par des gestes. Ce n'est pas passer un examen, ni devoir déployer des compétences particulières. On doit juste penser à se protéger des grossesses non désirées et des infections sexuellement transmissibles.

Inutile de s'en faire une montagne. On a le droit de se tromper et la première expérience est rarement synonyme d'extase. Surtout si le copain est assez jeune. Bien des garçons se disent experts et se vantent d'avoir eu des dizaines d'aventures. Il se peut que cela soit vrai, mais souvent, c'est du pipeau. Ils ont aussi peur que les filles, voire plus parce qu'ils craignent de ne pas être à la hauteur de ce qu'on attend d'eux. Quand l'amour est fort, cela crée une complicité physique et les relations intimes deviennent de plus en plus harmonieuses. Si tel n'est pas le cas, le garçon n'est probablement pas le bon. Ce n'est pas dramatique.

IV

Mes parents et moi

Les familles normales n'existent pas. Normal, pas normal... ça ne veut rien dire ! Il n'y a ni constante, ni uniforme, ni règle valable pour tous. Chaque cellule familiale fonctionne à sa façon. Il suffit pour le comprendre d'en discuter avec ses copains et d'aller voir comment ça se passe chez eux.

Aborder la famille quand on parle de l'amour à l'adolescence, c'est une bonne occasion de revenir sur ce qui est permis et sur ce qui ne l'est pas, et de redéfinir certaines limites.

29

Ma mère n'arrête pas de se mêler de mes histoires

Dans l'idéal, on aimerait vivre dans une famille où l'on puisse se confier librement à sa mère ou à son père. Oui, mais dans quelles limites ? Pour avoir leur avis sur des sujets essentiels ? Oui, c'est important. Pour apprendre de leur expérience ? Oui, bien sûr, mais pas trop. On ne peut pas « tout » raconter en détail à ses parents comme s'il s'agissait de copains, et on n'a certainement pas envie de tout savoir sur eux. Mais si on a quelqu'un de très curieux en face de soi, une mère qui nous tire les vers du nez, un père qui se montre intrusif, qu'est-ce qu'on fait ?

▸ Mettre des limites

« Non, tu ne traverses pas la rue sans me donner la main ! », « Arrête de mettre les doigts dans ton nez ! », « Pourquoi pleures-tu ? », « Où as-tu mal ? », « Dis à maman »... Enfant, on a pris l'habitude d'entendre ces interminables questions et attentions, et c'était bien confortable et réconfortant. Maintenant, c'est fini ! On a grandi et même si on a encore besoin de raconter des petites choses à sa maman, il y en a un tas d'autres qu'on n'a plus du tout envie de dire. On rêve d'indépendance, de solitude, enfin !

Malheureusement, certaines mères insistent, et c'est agaçant. On dirait qu'elles n'arrivent pas à couper le cordon, qu'elles ne voient pas qu'on a grandi. Tout le temps sur notre dos ! Ça finit par être lourd. La bonne solution, c'est de mettre des limites. Inutile de l'envoyer promener pour montrer que l'on souhaite instaurer une distance. Apprendre à entretenir un autre type de relation suppose d'être capable de maîtriser son agressivité, même si on est exaspéré. La vraie solution, c'est d'en parler, si c'est possible, et de tenir bon.

▸ Que dire ?

À l'adolescence, on est tiraillé entre l'envie d'indépendance et le besoin de proximité avec le cocon familial, notamment avec sa maman. C'est super quand on peut parler de tout avec sa mère. Mais ça ne veut pas dire tout raconter dans le détail. C'est un peu à la carte. Par exemple, pour avoir des histoires amoureuses, on n'a pas besoin de son avis. Mais pour essuyer ses larmes après une rupture, ses bras sont toujours les bienvenus. Alors, comment faire comprendre à ses parents qu'on a désormais besoin d'eux, mais pas pour tout ?

Je ne peux pas m'empêcher de tout dire à ma mère

Certains sont si proches de leur maman qu'ils se sentent obligés de tout lui raconter dans les moindres détails. Ce sont les enfants qui font ça, les petits, mais pas les (plus) grands ! Ça peut venir de la peur de grandir... mais aussi de la peur de perdre l'amour de sa mère si on ne lui dit pas tout. Un vrai cercle vicieux dont il faut rapidement sortir. Bien évidemment, les rapports avec les parents changent quand les enfants grandissent, mais l'amour reste en principe intact. On a tous besoin d'un jardin secret et cela n'entame en rien l'amour que l'on éprouve les uns pour les autres.

Normalement, les parents le savent déjà, puisqu'ils ont vécu la même chose. S'ils sont frappés d'amnésie, il faut endosser un instant le rôle de l'éclaireur et leur rappeler qu'on ne grandit pas tout d'un coup ! Qu'eux aussi ont fait deux pas en avant puis trois en arrière quand ils avaient 15 ans. Même si un petit enfant sait marcher, il a besoin de temps avant de lâcher la main de sa maman. C'est le rôle des parents d'accepter cette prise d'autonomie en pointillé... À eux d'envisager les relations différemment maintenant.

30

Mes parents sont trop curieux, en même temps j'ai trop besoin de leur parler !...

L'adolescence, c'est dur pour ceux qui la vivent, mais ce n'est pas simple non plus pour les parents qui se voient sollicités d'un côté et rejetés de l'autre. Grandir implique une prise d'autonomie et de distance par rapport à ses parents et aux choix que l'on doit faire.

▸ Un peu de réserve

Plus question de raconter le moindre bobo, de dire tout ce qu'on ressent, d'étaler nos projets, tous nos espoirs et de réfléchir tout haut... Garder certaines choses pour soi est une manière de commencer à prendre son indépendance, il n'y a pas de mal à cela. Mais un paradoxe subsiste : si nos parents nous laissent tranquilles et ne nous disent plus rien, nous risquons de nous sentir abandonnés. Et s'ils s'occupent trop de nous, ils nous exaspèrent.

▸ Un dilemme tout à fait surmontable

Au lieu de se réjouir, d'accepter cette évolution et de comprendre à quoi correspond cette prise de distance, les parents donnent parfois l'impression de ne rien comprendre... Ils questionnent tout autant ou plus qu'avant, s'informent de ce qu'on a fait à l'école, et se montrent même plus inquiets à ce sujet... Au lieu de se dire qu'ils font leur boulot de parents, on se vexe souvent d'être bombardé de questions, on s'insurge devant cette curiosité qu'on ressent comme une intrusion. En revanche, quand il s'agit de discuter d'un truc qui nous tient à cœur, on ne leur lâche plus les baskets...

Aie confiance !

Parfois, on se sent pris dans un cercle vicieux. On réclame la confiance de nos parents pour qu'ils nous laissent plus de liberté et ils exigent que nous fassions d'abord nos preuves. Bien sûr, la confiance se mérite, mais il est vrai que s'ils refusent de croire en nous au départ, on aura du mal à montrer qu'on en est digne. La confiance doit s'établir progressivement et mutuellement. On doit les aider à nous faire confiance, comme eux doivent nous aider à prendre des responsabilités et à les assumer jusqu'au bout.

Concrètement, il faut toujours faire ce qu'on dit. On annonce qu'on rentre à minuit ? On le fait. C'est à notre tour de rapporter du pain ? On le fait. Si on remplit ses petits contrats, on gagne vite des points dans la confiance des parents et ils auront confiance en nous, comme on a confiance en des adultes responsables. Si on dérape quand même et que les parents ont du mal à pardonner, il est important d'en parler et de faire en sorte de regagner leur confiance, sans se vexer.

Comment s'y retrouver ? Comment évoluer dans cette relation d'attirance et de refus ? Comment trouver un juste milieu ?

La communication semble être la meilleure solution. Au lieu de rester dans sa bulle, claquemuré dans sa chambre tous les week-ends, et de ne pas ouvrir la bouche à l'heure des repas, on peut lâcher du lest pour garder des relations plus fluides. Cela implique un échange. Pas des aveux complets comme au tribunal. Un échange sur l'essentiel... et plus si problèmes.

À 15 ou 16 ans, on n'est pas tout à fait prêt pour faire face à tout ce qui se présente dans la vie, pour se débrouiller tout seul, même si on veut le faire croire à la terre entière. On a besoin de ses parents, de leur soutien, de leurs conseils et de leur affection, on peut avoir recours à eux lorsqu'on en a vraiment besoin. Cela n'exclut pas d'avoir un jardin secret !

31

À leur place, j'aurais la honte

À partir du moment où l'on a commencé à grandir, et surtout pendant la puberté et l'adolescence, toutes les situations qui peuvent porter à confusion sont inacceptables.

▸ Ce que l'on ne fait plus

Au moment de la puberté, on ne se balade plus tout(e) nu(e) devant ses parents, et eux ne devraient plus le faire non plus, à moins que cela ne soit une pratique familiale, comme, par exemple, le naturisme en vacances. Il est désormais important de préserver son intimité, de fermer les portes et de ne plus déambuler en petite tenue ! Et que personne n'entre dans la salle de bains lorsqu'on l'occupe, qu'on ne fouille pas dans nos tiroirs, nos affaires... C'est bien aussi de réagir lorsque les parents parlent de choses intimes, de leur vie sexuelle par exemple, devant nous ou font des gestes qui nous troublent.

▸ Se préserver est essentiel

Spontanément, les petits enfants savent repousser leurs parents lorsqu'ils font des gestes ou des allusions à leur vie intime devant eux. Ils les envoient paître et les disputent. Quand ils grandissent et que les parents dépassent les bornes, qu'ils prennent un peu trop de liberté devant eux sans s'en rendre compte, c'est important de pouvoir aussi leur dire non, de façon plus ferme, ou de quitter systématiquement la pièce ! Même s'il s'agit d'une belle-mère ou d'un beau-père. On peut être témoin de démonstrations de tendresse, de petits bisous échangés, mais toujours dans une certaine limite. Sinon, on quitte les lieux et on ferme sa porte.

Parfois, les parents en pleine séparation ne savent pas modérer leurs propos, prennent les enfants à témoin de leurs griefs, de leur haine, leur demandent de prendre position. Eh bien non, n'entendons pas ce qui ne nous concerne pas ! C'est une sage précaution pour protéger notre avenir amoureux.

Certains parents divorcés ne se gênent pas pour raconter leurs exploits amoureux à leurs enfants ! Les pères racontent à leurs fils qu'ils sortent avec des filles de vingt ans, les mères parlent de leur sexualité retrouvée... Pour un ado, c'est très gênant !

▸ Stop !

En tant qu'enfant, on doit pouvoir dire à ses parents : « Allez vous disputer dans une autre pièce ! » ou : « Attendez d'être seuls pour vous faire des câlins ! » ou encore : « Si vous voulez parler de ça, parlez-en entre vous, pas devant nous ! » S'il s'agit de confidences trop intimes : « Je ne suis pas ta copine. » On peut aussi partir en claquant bien fort la porte ! Le principal, c'est de leur signifier que c'est à eux de nous protéger, de préserver notre place, notre espace et, par conséquent, le leur. Ce n'est pas à nous de les protéger, eux. Sinon, à la longue, ça peut nous coûter cher.

32

Je n'ai pas le droit de m'enfermer dans ma chambre

Petit, on préfère dormir la porte ouverte, mais lorsqu'on grandit, on a plutôt envie de s'enfermer à double tour. C'est normal et très important. Le besoin d'intimité passe désormais avant tout.

▸ Il était une fois... un monde idéal

Les adolescents devraient pouvoir fermer les portes, celle de leur chambre et celle de la salle de bains, les fermer à clé à des moments très précis, ou au moins pouvoir utiliser une targette ou un loquet. Mais, dans la plupart des foyers, cette volonté est mal perçue. Que fait-il derrière la porte ? Les parents doivent renoncer à cette envie de tout savoir... et faire confiance.

Évidemment, si on a démontré que, par désespoir, on était capable de se faire du mal, les parents peuvent, à raison, nous interdire de nous enfermer. Puisque la loi les oblige à s'occuper de leurs enfants jusqu'à 18 ans, elle les autorise implicitement à se mêler de ce qui ne les regarde pas a priori pour préserver leur sécurité et leur éviter de se mettre en danger.

▸ Autres lieux d'intimité

À part la chambre et la salle de bains, il y a d'autres lieux que l'on peut considérer comme des lieux d'intimité. Les lettres, par exemple, ou les mails qui nous sont adressés, à nous et à personne d'autre. Il est évident que personne n'a le droit de les ouvrir. Les conversations téléphoniques ? C'est rageant que les autres les écoutent, voire les commentent ensuite. Heureusement, les téléphones portables permettent de s'éloigner. Il est nécessaire de savoir s'isoler pour parler, même si c'est pour raconter sa journée à l'école.

Certains parents ne se gênent pas pour consulter l'historique des *chats* ou les e-mails de leurs enfants... Sauf s'ils craignent des conduites à risque, il est inacceptable qu'ils agissent ainsi. Pire, qu'ils en parlent devant toute la famille au cours du dîner ou au téléphone. Ça casse la confiance pour longtemps.

▸ Une question de mesure

Si les parents se fichent complètement de ce qu'on fait, c'est aussi grave que s'ils s'en inquiètent trop. Pour ne pas subir d'intrusion dans son espace intime, il vaut mieux parler avec eux, pour les rassurer au fur et à mesure de leurs inquiétudes. Parfois, on l'a l'impression qu'ils se moquent de nous mais, en réalité, c'est de la maladresse, ils sont attendris. Parfois aussi, ils sont un peu ambivalents. Normal : s'ils reconnaissent qu'on grandit, cela signifie qu'ils vieillissent, ce qui n'est pas facile à accepter.

33

Je me sens mal à l'aise avec mon père

Il existe tout un tas de comportements – gestes, regards, attitudes, réflexions, etc. – qui provoquent chez l'enfant et l'adolescent une sorte de malaise, voire une angoisse de fond, sans qu'ils puissent expliquer pourquoi. Les spécialistes ont coutume de dire que cette gêne vient de ce que l'enfant ou l'adolescent ressent le climat comme incestueux. L'inceste ne se limite pas à des actes violents, par des intrusions corporelles, il peut aussi être induit par un rapprochement complice, latent... ce qui est très destructeur pour un enfant, quels que soient son âge et son sexe.

▸ Ce père qui inquiète

Il existe des pères (ou des figures paternelles qui le remplacent dans la famille, comme les beaux-pères, les oncles, les frères, les cousins) dont l'attitude face à leur fille est ambiguë. Le désir n'est pas totalement absent du regard qu'ils portent sur elle. Leurs baisers dérapent, leurs mains s'attardent... C'est difficile pour une fille d'accepter cela. Difficile de mettre des mots sur la gêne ressentie. Difficile de dire stop. On croit mal interpréter.

Dans ce cas-là, on éprouve souvent de la honte mêlée à de la culpabilité. On croit que c'est de notre faute. Qu'on a fait quelque chose pour séduire... Comment réagir ? Il faut clairement dire non, car l'adulte peut se laisser aller et passer à l'acte. Un verre de trop, des gestes de trop... Que dire ? La vérité : qu'on trouve cette attitude gênante. On peut alors instaurer une distance, se mettre en sécurité en prenant l'habitude de s'enfermer dans sa chambre et/ou dans la salle de bains, par exemple. Jusqu'à ce qu'il reprenne ses esprits et sa place. Si cela ne suffit pas, on peut aussi se confier à sa mère, voire à un autre adulte en qui on a confiance. Il ne faut surtout pas garder le silence, car c'est justement ça que l'abuseur veut ! Un père qui tourne autour de sa fille, ce n'est pas normal. Un adulte qui tourne autour d'un(e) mineur(e) non plus...

C'est quoi, l'inceste ?

L'inceste est le fait d'avoir des relations sexuelles ou même seulement des actes impudiques (attouchements, caresses, baisers, non-respect de l'intimité) avec des personnes de sa famille. Vis-à-vis du code pénal, c'est un crime puni de vingt ans d'emprisonnement ! Le mineur, lui, n'est jamais puni car il n'est pas coupable.

▸ Quand ça va trop loin

Malheureusement, les passages à l'acte ne sont pas rares. L'inceste ne commence presque jamais par un viol génital, mais par des approches corporelles ambiguës. Lorsqu'il y a relation sexuelle, voire des relations sexuelles pendant des années, les conséquences sont dramatiques pour les enfants ou les adolescents abusés. Longtemps, ils se taisent parce qu'ils ont honte et qu'ils se croient à l'origine de ces actes. Alors que c'est faux ! Ils ont été et sont victimes, victimes de parents qui n'ont pas su respecter la loi fondamentale qui régit le rapport entre générations : l'interdiction de l'inceste.

Lorsque le corps se métamorphose et que les limites du plaisir et du désir de l'enfance laissent la place à celles de l'adolescence, subir ce genre de violence laisse des marques telles qu'on en subit encore les conséquences dans sa vie d'adulte. C'est pourquoi, quand on est abusé, il faut oser en parler à une personne de confiance même si on croit qu'on exagère...

Qui appeler pour demander de l'aide ?

- Allô Enfance maltraitée : 119
  Appel anonyme et gratuit dans toute la France, 24 h/24.
- Viol Femmes Informations : 0 800 05 95 95
  Du lundi au vendredi de 10 h à 19 h, appel anonyme et gratuit. S'adresse aussi aux enfants et aux jeunes victimes d'agressions sexuelles et leur propose une aide juridique.
- Enfance et partage : 0 800 05 1234
  Du lundi au vendredi de 9 h à 19 h et le samedi de 10 h à 18 h. Appel anonyme et gratuit.

Il n'y a pas que les pères qui dépassent les bornes

Contrairement à ce que l'on pourrait croire, l'inceste ne se limite pas aux relations père-filles. Les mères, les oncles, les grands-pères, les beaux-pères, les amis intimes de la famille peuvent être les abuseurs. Les frères et sœurs également. L'inceste peut être aussi homosexuel (mère-fille, père-fils).

34

Mes parents ne veulent pas que mon copain (ma copine) parte en vacances avec nous

Alors que la plupart des adolescents ne pensent qu'à prendre leur envol et à s'éloigner de leurs parents, certains semblent sauter une étape en vivant un peu comme eux... en couple ! On les appelle les bébés-couples.

▸ Le phénomène bébés-couples

Si l'amour libre prôné dans les années 1970 a été une formidable ouverture, il semblerait que la tendance s'inverse peu à peu en ce début de XXIe siècle, du moins pour certains : une des formes d'être ensemble serait maintenant de se « maquer » très tôt. De vivre des relations longues, sages et rangées. Ensemble vers 13-14 ans, ces jeunes couples poursuivent leur relation jusqu'à 17-18 ans environ, parfois au-delà. Souvent, il s'agit du premier partenaire sexuel.

Même s'ils ne vivent pas officiellement ensemble, ils sont le plus possible l'un chez l'autre, dorment sous le toit des parents de l'un ou de l'autre et partent en vacances ensemble, avec ou sans les parents. La plupart du temps, ils se projettent dans l'avenir ensemble, parlent de bébés, choisissent les prénoms... Et s'ils s'étaient trouvés ? Cela arrive, mais nul ne peut le dire encore... C'est l'avenir qui le démontrera.

▸ Des parents qui résistent

Pourquoi certains parents s'énervent-ils devant ces amoureux ? Est-ce pour les embêter ? Non. Ils s'étonnent simplement de les voir unis si tôt alors que rien ne les y oblige. Du haut de leur expérience, ils estiment qu'à 15 ans, on a d'autres choses à vivre avant de fonctionner comme des adultes. Ils trouvent que c'est mieux de s'amuser que de se vouer fidélité. Qu'on ne choisit pas non plus son partenaire sans points de comparaison.

C'est leur vision de la vie, leur expérience qui parle, leur désir de voir leurs enfants vraiment choisir à l'âge adulte, la peur de les voir souffrir aussi. Et les ados, qu'en pensent-ils ? Ils ne sont pas du tout de cet avis. Ce qui les intéresse, c'est l'instant présent, ils s'aiment et ils croient à leur histoire. Tout le reste n'a pas d'importance et ils veulent qu'on leur fiche la paix !

▸ Une autre façon de vivre son adolescence

Il est bien clair qu'on ne choisit pas de rencontrer l'amour à 13 ou 15 ans. Ça nous tombe dessus comme ça. Si c'est le cas et que la relation s'installe, il y a des avantages et des inconvénients dont il faut prendre conscience.

D'abord, les avantages. À deux, on apprend à faire confiance, à être en confiance. On surmonte plus facilement ses peurs, même celles de la sexualité. Le passage de la vie d'enfant à celle d'adulte est plus doux, moins abrupt. À l'heure des infections sexuellement transmissibles dont le sida fait partie, se concentrer sur un partenaire fidèle évite le danger. L'adolescence étant le passage obligé pour accéder à l'âge adulte, être à deux permettrait aussi de mieux appréhender les difficultés inhérentes à cette période de trouble, notamment les conflits avec les parents, la solitude, les doutes, les remises en question et autres surprises des évolutions et révolutions, l'autre faisant tampon au milieu des turbulences en apportant sa complicité, sa connivence, sa tendresse et sa fidélité.

Ensuite, les inconvénients. A priori, il n'y en a pas pour ceux qui vivent ces histoires. Pourtant, n'est-il pas important de traverser des moments de solitude pour se construire ? On peut se demander si ces couples ne sautent pas une certaine étape : celle de la découverte amoureuse des autres, la confrontation à la séduction, à ses ouvertures et à ses limites. La beauté des histoires d'amour mais aussi l'épreuve des ruptures et des remises en question personnelles qu'elles provoquent.

▸ Voyage, voyage...

Qu'est-ce qui motive un jeune couple d'amoureux à partir en vacances avec les parents de l'un ou de l'autre ? Une question purement financière ? Une manière comme une autre de passer des vacances confortables et assistées ? Ou cela relève-t-il plutôt d'un phénomène d'encouplement[1] précoce ?

On peut douter de l'aspect positif des vacances quand on les passe en couple et en famille... D'habitude, les ados ont besoin d'éprouver leur liberté, de vivre des choses sans les parents et c'est bien normal. Alors, que vit-on de neuf dans sa relation sous le regard parental ?

1. Terme inventé par le philosophe Vincent Cespedès pour désigner le besoin des couples d'appartenir l'un à l'autre.

Que penser aussi de ces couples qui vivent les uns chez les autres, avec l'accord de leurs parents ? Avoir des relations sexuelles sous le toit des parents est-il dans l'ordre des choses ? N'est-ce pas réservé aux adultes ? Autant de questions qui méritent réflexion... Une histoire se construit à deux, pas avec toute la famille !

35

Ma mère (mon père) m'a donné une boîte de capotes, la honte !

De quoi je me mêle ! Voilà ce qu'on pense quand on trouve une boîte de préservatifs glissée sous son oreiller ou, moins discrètement, abandonnée sur le lavabo de la salle de bains. C'est la honte, non ?

▸ Ça part d'un bon sentiment

Même si, objectivement, les parents ont de bonnes intentions, qu'ils croient agir pour notre bien, c'est agaçant qu'ils se mêlent ainsi de notre sexualité. Et bien maladroit aussi... Quelle intrusion ! Ça ne les regarde pas ! Que diraient-ils si nous achetions des tampons à notre mère et des pilules de Viagra à notre père ?

Que faire de cette boîte ? La prendre sans rien dire, sous l'œil interrogateur des parents ? La cacher dans sa table de nuit en prenant le risque qu'ils viennent contrôler s'il en manque ? La faire disparaître en leur laissant penser qu'on en avait vraiment besoin ?

Si les parents sont parfois maladroits, reconnaissons qu'il n'est pas très facile pour eux d'aborder la question de la sexualité avec leurs ados, même si mai 1968 est passé par là. Si certains en parlent sans complexes, d'autres se triturent longtemps les méninges pour savoir quoi dire et à quel moment. D'où des comportements parfois inadaptés, comme celui-ci. Mais est-ce aux parents de faire l'éducation sexuelle de leurs enfants ? Comment peuvent-ils dire certaines choses sans déclencher un malaise certain ?

▸ Un métro de retard

Les parents ne voient pas leurs enfants grandir, c'est bien connu. Voilà pourquoi, quand ils osent aborder la question de la sexualité avec eux, ils le font souvent avec un métro de retard... Comment leurs ados ont-ils fait leur éducation sexuelle ? Grâce aux copains, aux journaux, aux livres et autres dictionnaires consacrés à l'adolescence, parfois même en allant aux cours d'éducation sexuelle dispensés à l'école. Internet apporte aussi des réponses, ainsi que certaines émissions de télé. Et n'oublions pas tous ceux qui ont déjà eu des relations sexuelles, qui savent déjà un minimum de choses et qui veulent bien partager leurs connaissances.

▸ Comprendre le message, malgré tout

Une fois le sentiment de honte et de colère apaisé, on peut saisir cette occasion pour compléter son information sur les différentes façons de se protéger en cas de relation sexuelle. C'est important, à 15 ans, de ne pas se retrouver enceinte. C'est vital de ne pas attraper une infection sexuellement transmissible, comme le sida, mais aussi des mycoses, chlamydioses, herpès et autres maladies bien embêtantes[1]. C'est l'occasion de faire un petit saut

---

1. Voir *Ados, amour et sexualité, version garçon* et *version fille*, *op. cit.*

au centre de Planning familial le plus proche de chez soi[1]. Bien entendu, on peut aussi demander à sa mère, à une tante ou à la mère d'une amie, autrement dit à une femme plus âgée l'adresse d'un(e) gynécologue à qui poser toutes les questions qui nous préoccupent...

1. Mouvement français pour le planning familial : 01 42 60 93 20 à Paris et pour la province 01 48 07 29 10, du lundi au vendredi de 9 h à 17 h 30. En appelant ces numéros, on obtient les coordonnées du centre de planning familial le plus proche de chez soi.

36

Je suis mal à l'aise chez lui

On peut être très amoureux de quelqu'un, se sentir très bien avec lui et se trouver en complet décalage avec son milieu familial. Ça arrive. À quoi ça tient ? Faut-il le dire à celui qu'on aime, au risque de le vexer ? Ou garder sa gêne et ses réflexions pour soi ?

▸ Dire ou ne pas dire

Toutes les familles ne sont pas identiques, c'est une évidence. Et parfois, on ne s'y retrouve pas... Le milieu, les habitudes familiales sont trop éloignées des nôtres, le style des échanges radicalement différent. Bref, on ne sait pas comment se comporter. Faut-il en parler à son copain ou à sa copine, ou faire comme si de rien n'était ? Ça dépend. Si cela fait obstacle à la relation, oui, il est nécessaire d'en dire un mot. Pourquoi ne pas entamer le dialogue ? Mais s'il s'agit d'habitudes et coutumes étrangères à celles de notre propre famille, non, ou alors avec tact, en laissant la porte ouverte à ce qui est différent de nous. Si on sent qu'on marche sur un terrain miné pour l'autre, parce que trop sensible, il vaut mieux passer dessus en se rappelant le droit à la différence.

▸ Il n'y a pas le feu

Il est nécessaire de considérer la situation avec quelque distance. Entre sortir avec un garçon ou une fille et se marier avec, il y a quand même un long chemin à parcourir. Et même si les relations sont fortes et qu'on imagine une vie en commun, inutile de se prendre la tête sur les parents de l'un ou de l'autre. Mieux vaut choisir ensemble un mode de fonctionnement qui ne dérange personne.

Honte de ses parents

Il est difficile de s'avouer qu'on puisse avoir honte de ses parents. Parce que cela fait très mal. Souvent, c'est social. On souffre du chômage de son père ou de sa mère, on a du mal à accepter de ne pas pouvoir se payer telle ou telle bricole, comme les autres, parce que ses parents n'ont pas d'argent. Il arrive aussi que l'aspect financier n'ait rien à voir avec ce sentiment de honte. Une attitude inadaptée, des réflexions devant les copains ou encore des trahisons de secrets peuvent aussi nous faire rentrer sous terre.

Honte passagère ou bien ancrée, ce sentiment mérite qu'on s'y attarde pour bien le comprendre, le digérer et s'en débarrasser. Car la plupart du temps, les parents n'y sont pour rien, c'est plutôt notre rapport à eux qui est en jeu.

37

Ils ne supportent pas mon copain

Il arrive que les parents regardent les petits copains ou les petites copines de leurs enfants d'un œil dubitatif. C'est normal. Ils se font du souci pour leurs petits chéris et malheur à ceux qui oseront leur faire du mal. Parfois ils ont de bonnes raisons, parfois non. À chacun de démêler son histoire.

▸ Quand ils ont raison

En tant que parent, on peut se faire du souci avec raison quand on voit sa fille ou son fils sortir avec une personne inquiétante : quelqu'un qui fume du cannabis, qui boit de l'alcool, qui fait de la moto n'importe comment, qui est en échec scolaire, qui pique des trucs dans la maison ou s'incruste toujours au moment des repas. C'est agaçant de les entendre nous sermonner et on réagit souvent avec agressivité. Parfois, cela permet de prendre conscience qu'on n'a pas une relation avec une personne qui nous fait du bien. Parfois, c'est l'inverse qui se produit. Par réaction, on s'attache encore plus.

Si l'on n'arrive pas à parler calmement à ses parents parce que l'ambiance est trop électrique, on peut essayer d'en discuter avec ses copains. Et pourquoi pas aussi avec un autre adulte ? Le but n'est pas de trouver de bonnes raisons pour rompre, mais d'y voir plus clair, de faire la part des choses et de vérifier si leur méfiance est justifiée ou non.

▸ Quand ils ont tort

Bien entendu, les parents peuvent se tromper. Ébahis de voir que leur enfant a grandi, ils n'imaginent pas un instant qu'il puisse avoir une relation amoureuse. Dans ce cas, il est bon de leur expliquer que maintenant, on est passé dans une autre dimension. Que l'on a le droit à une vie amoureuse et qu'ils n'ont pas de souci à se faire. Il faut les rassurer, les convaincre qu'on fait attention à nous et qu'on met en pratique ce que l'on a appris avec eux. C'est difficile pour eux de faire le deuil du petit enfant que l'on était il n'y a pas si longtemps encore.

38

Ma mère a peur que je couche avec un mec

Une mère a toujours peur de la première expérience sexuelle de sa fille. Peur qu'elle ne se protège pas, peur que ça se passe mal, peur qu'elle soit trop jeune et surtout... peur de ne pas le savoir ! Malheureusement, cela peut affoler certaines jeunes filles qui se mettent alors à appréhender ce moment crucial...

▸ La première fois, entre mythe et réalité

Se rendre compte qu'on est sexué n'est pas évident, surtout lorsque, à l'adolescence, le corps peut vivre des actes longtemps fantasmés. Pour certains, la sexualité apparaît comme un monde étrange et inconnu, alors qu'elle ne commence pas à l'adolescence. On l'oublie trop souvent, on le refoule. On ne fait pas toujours le lien entre les émois de notre enfance et ceux qu'on vit. Pour Sigmund Freud[1], la relation du bébé avec le sein de sa mère fait partie du cheminement dans la sexualité...

Prendre conscience qu'on est une fille ou un garçon, comprendre son corps et entrevoir la possibilité de rela-

1. Sigmund Freud, l'inventeur de la psychanalyse, a découvert une méthode qui permet plus ou moins d'accéder à ce qui nous est occulté, à savoir l'inconscient. Il a émis l'hypothèse qu'il y a dans chaque être humain une bisexualité psychique inconsciente et que ce n'est pas une mince affaire de devenir sexué...

tions intimes, tout cela peut être à l'origine d'angoisses, de confusions. On craint l'inconnu en nous et l'inconnu à venir, on risque de ressentir une sorte d'effraction au fond de soi, dans l'image qu'on a de son corps. Parfois, on peut aussi ne pas trouver de sens à ce qu'on vit.

L'étrangeté même de la différence des sexes est présente dans des mythes et des légendes que nous lisons encore aujourd'hui, comme l'histoire d'Œdipe. C'est dire si avoir une identité sexuelle n'est pas chose évidente.

▸ Dire ou ne pas dire qu'on a perdu sa virginité

Face à une mère curieuse, voire intrusive, on peut se poser la question de l'importance de « l'aveu » ! Si c'est si important, pourquoi faudrait-il que cela se sache ? pourquoi ne pas garder cela pour soi et son amoureux(se) ? Si on a le sentiment d'être en porte-à-faux, on peut se demander par rapport à quoi et à qui.

Rien n'oblige à raconter qu'on a couché[1] : ça ne concerne que soi et l'autre. Il y a des filles qui couchent juste pour pouvoir le raconter à leurs copines et d'autres qui affirment l'avoir « fait », mais ce n'est qu'un bobard pour avoir une réputation de « grande ». Ce n'est pas les autres qui doivent compter pour un événement aussi marquant, mais plutôt le fait de trouver un sens à ce qu'on vit. Surtout à l'adolescence, où l'on se sent souvent déboussolé ou confronté à une sensation de vide qui provoque un profond malaise.

---

1. Physiologiquement, une jeune fille est vierge lorsque son hymen est intact. Il s'agit d'une fine membrane qui obstrue partiellement l'entrée du vagin. Lors du premier rapport sexuel, il se déchire au moment de la pénétration du sexe du garçon, ce qui peut produire un léger saignement. Chez les garçons, ça ne se voit pas !

À cette période de la vie, on quitte un terrain très balisé par les parents et l'école primaire pour un « tout est possible » ! Et on est perdu, soit parce qu'on se laisse emporter par une envie de vivre assez chaotique, soit parce qu'on essaie de maîtriser les sensations qui nous envahissent. Et on montre parfois une image de soi très différente de la réalité.

▸ À propos de la liberté sexuelle

La soif de liberté est à l'origine de grands changements dans l'histoire du monde, elle est aussi un moteur de changement pour chacun d'entre nous. Faire des expériences sexuelles est positif si on a conscience de ce que l'on fait[1]. À l'inverse, si l'on devient l'objet de l'autre, la victime de sa manipulation, les regrets et la culpabilité peuvent être destructeurs.

L'objectif est de trouver ses propres limites, de les reconnaître et de les accepter. Tout est là ! Pas les limites religieuses strictes, pas celles énoncées par les parents, mais ses « limites à soi ». Par exemple, si on est avec quelqu'un dont on est amoureux, on n'est pas obligé de coucher avec si on ne sent pas prêt(e). Avant l'acte, il y a tout le reste : les paroles, les caresses... La sexualité ne se résume pas à l'accouplement !

1. Voir http://www.sexados.fr.

39

Je suis catholique, musulmane et j'ai couché avec un mec

Aïe ! Pour certaines familles, perdre sa virginité avant le mariage peut être considéré comme très grave... Pour d'autres, c'est plus ou moins toléré, voire accepté. Quand, malgré les interdits familiaux et religieux, il y a rapport sexuel, donc dépucelage, il convient de faire le point sur ses propres convictions et de s'affirmer.

▸ Pourquoi et pour qui la question de la virginité est-elle si importante ?

Nos sociétés occidentales ont toujours attaché une grande importance à la virginité des filles. Même si elle variait selon les pays et les cultures, l'obligation pour les filles de rester vierges jusqu'au mariage comptait beaucoup. Qui dit virginité dit pureté ! Pourquoi ? En réalité, cela était fait pour garantir aux hommes la filiation. De nos jours, les femmes sont « libérées », la contraception leur permet de se protéger, et si une contrainte religieuse ne vient pas régler leur choix, elles perdent leur virginité avant le mariage... C'est devenu une affaire privée !

Petite histoire de la virginité

Aujourd'hui encore, la question de la virginité reste importante. Elle continue à être un enjeu pour les adolescentes. Les filles en parlent souvent entre elles ou avec des femmes adultes de confiance : mère, tante, amie de la famille...

Fréquemment, c'est la mère qui transmet à sa fille ce qu'elle doit savoir sur les transformations de son corps au cours de la puberté. Si elle ne le fait pas, c'est bien de provoquer le dialogue. Il est utile de confronter ce qu'on a appris par d'autres filles à ce que disent les adultes. Cela permet de rectifier les erreurs...

La vierge est une figure essentielle dans certaines religions, entre autres dans le catholicisme, où la virginité de Marie, la mère de Jésus de Nazareth, fait partie du dogme. Au cours de l'histoire humaine, surtout avant l'apparition des trois monothéismes – mais encore aujourd'hui dans les sociétés dites « primitives » –, la virginité constituait généralement un signe d'impopularité : la jeune fille devait la perdre avant le mariage. À l'inverse, dans les cultures plus récentes, surtout celles où la religion dominante associe le sexe à l'animalité et au péché (judaïsme, christianisme et islam), la virginité prend une connotation très positive : elle est associée à la pureté. Dans ces cultures, elle est ainsi rattachée à la notion d'honneur : la non-virginité de la femme avant le mariage y est considérée comme un déshonneur pour la famille. Dans les sociétés occidentales, ce type de considération tend à disparaître avec l'évolution des mœurs, la libération de la femme et de la sexualité.

▸ Un fardeau ou pas ?

Les adolescentes parlent encore aujourd'hui de la perte de leur virginité comme d'une étape importante ou parfois comme d'une chose dont on doit se « débarrasser » pour passer dans le camp des grandes. Elles ont peur de sauter le pas et sont en même temps très impatientes de le faire. Il arrive même qu'elles ressentent une certaine honte de ne pas avoir fait une vraie première rencontre sexuelle.

Mais il ne faut pas généraliser, toutes les filles et tous les garçons ne se positionnent pas de la même manière face à l'énigme du sexe. Par exemple, beaucoup de garçons s'arrêtent justement quand il est question d'aller plus loin dans les échanges sexuels. Ils ont peur de se confronter à une fille vierge : peur de la pénétration, peur du saignement. Certaines filles attendent le partenaire idéal, celui avec lequel cela se passera de la façon la plus douce et la plus romantique possible.

Nombre de religions se sont emparées de cette peur pour la transformer en crainte de Dieu, en tabou, de manière à asseoir leur autorité. C'est ainsi qu'elles ont pu instaurer la perte de la virginité sous certaines conditions, en mettant en place un rituel et en se plaçant au centre. Les représentants de la religion donnent depuis toujours du sens à l'union entre un homme et une femme en faisant appel à la reproduction.

V

L'amour avec un @

Aussi bizarre que cela puisse paraître, oui, on peut avoir des relations sur Internet. Des relations virtuelles, bien entendu. C'est bien pratique : on s'assoit à son bureau en pyjama, une boisson à côté de l'ordi, un casque sur les oreilles avec sa musique préférée... et on part au-devant de gens coincés eux aussi derrière un PC ou un Mac ! Exactement comme dans un jeu. Parfois, la force des sentiments vient briser le miroir et s'impose à nous. On a envie de vivre ces sentiments dans la vraie vie. Ils nous submergent... Que faire ?

40

Peut-on tomber amoureux sur Internet ?

Internet est le lieu du tout-est-possible ! Il permet de s'inventer une âme sœur, une sorte de double de soi. Et cet alter ego peut retarder l'épreuve de la rencontre, mais de là à penser qu'il pourrait coïncider à celui ou celle qu'on attend...

▸ Entre jeu, réalité et fiction

Jouer, c'est formidable ! Se déguiser rappelle l'enfance. Il n'est d'ailleurs pas si loin le temps où l'on se transformait en princesse ou en chevalier masqué. Enfant, on choisissait ses costumes en fonction des personnages auxquels on voulait s'identifier, on prenait chez eux ce qu'on aimait. C'est exactement ce qui se passe sur Internet : « looké virtuel », on fait croire à l'autre – tout en y croyant soi-même – qu'on est d'une certaine façon ; on montre le meilleur de soi. Mais n'est-ce pas le propre du début de chaque relation amoureuse ?

▸ On se fait passer pour...

Internet, c'est comme un costume que l'on aurait choisi parmi d'autres : on s'invente un personnage, on se fait passer pour... C'est pratique parce qu'on peut raconter tout ce qu'on veut : les autres, on ne les connaît pas ! C'est l'anonymat qui prime et tout est possible : donner un faux prénom, mentir sur son âge et même s'inventer une autre vie ! Une façon de jouer avec l'idée d'être quelqu'un d'autre, souvent de se désinhiber, de braver les interdits. On se réinvente, comme quand on joue. On s'essaye à des libertés nouvelles, on ose aller plus loin, parfois même trop loin en ignorant les risques que l'on prend.

▸ Histoire de se rassurer

C'est plus facile de « chatter » avec un autre imaginé que d'être avec lui, c'est moins inquiétant. Cela donne l'occasion d'employer certains mots ou de poser certaines questions pour la première fois et cela nous donne confiance en nous. Ce n'est pas néfaste, bien au contraire. Cela fait partie du jeu, de ce qu'il peut y avoir d'amusant et de plaisant dans un jeu. Mais un jeu à deux ou à plusieurs implique qu'on puisse se retirer quand on veut...

▸ De l'autre côté du miroir

Sur Internet, il est clair que l'on présente de soi « ce que l'on veut selon son vœu », c'est-à-dire ce que l'on voudrait être et que l'on n'est pas forcément. Et de l'autre côté de l'écran, qu'y a-t-il ? Un autre qui nous raconte aussi comment il voudrait être, comment il se voit. D'un côté, le déguisement, et de l'autre, la même chose. Ne s'y perd-on pas, à force, dans ces entrecroisements de masques ?

▸ Tout a une fin

Chaque jeu a ses limites ! Ce qui compte, c'est de savoir enlever le déguisement au moment voulu et de redevenir soi, la personne que l'on est vraiment. Les acteurs le font constamment, puisque c'est leur métier ! Mais « agir un personnage » en permanence, c'est-à-dire tenir le rôle de celui qu'on voudrait être, doit prendre fin à un moment ou à un autre. On ne peut pas tout le temps faire semblant. Il faut bien finir par redescendre sur terre et tomber le masque.

▸ Se rencontrer ou pas ?

Si l'on veut mettre son imagination à l'épreuve de la réalité, on se rencontre, on se fixe un rencart, mais pas n'importe comment (voir encadré p. 155). Attention, la désillusion peut être grande et laisser des traces… En fait, rien n'y oblige. On peut continuer à jouer… et considérer

L'amour virtuel, est-ce vraiment de l'amour ?

Quand on dialogue sur le Net, on a l'impression de faire des rencontres, de nouer des relations, voire de vivre le grand amour. Mais est-ce vraiment de l'amour ? Sur le Net, tout est possible. Tout d'abord, le corps n'est pas en jeu. Dans la vraie vie, quand on se séduit, le corps se manifeste contre notre gré : on rougit, on bégaie, on bafouille… Bref, on se sent fragile, le cœur mis à nu devant l'autre, comme pris au dépourvu. Derrière son écran au contraire, on maîtrise tout. On a confiance en soi, plus aucun risque de timidité, on peut s'inventer une autre identité, « se prendre » puis « se jeter » sans conséquences puisque l'autre n'est qu'un rêve, une image construite pour soi (prince charmant, homme idéal…). Alors, évidemment, quand vient le moment de la rencontre, on ne peut être que frustré. L'amour sur Internet, c'est différer l'amour, c'est oublier qu'on a un corps, c'est se mentir. Ça peut être rigolo, un temps.

tout ça comme une sorte d'entraînement à l'amour. Pourquoi pas ? Finalement, on livre de soi juste ce qu'on veut bien et on se confronte à l'intimité des autres qu'ils redessinent à leur tour.

Gare aux cyberpièges !

Internet, c'est super pour s'informer et communiquer. Cependant, il existe certaines règles pour surfer sans risques car on ne sait jamais qui se cache derrière l'écran.

- Ne jamais donner d'informations personnelles (nom, adresse, numéro de téléphone, mot de passe, etc.), mais utiliser un pseudo.

- Ne jamais accepter un rendez-vous sans en parler à un adulte. Fixer le point de rencontre dans un endroit public et se faire accompagner, ne surtout pas s'y rendre seul.

- Ne pas donner trop d'informations personnelles sur son blog, ne pas publier de photos d'amis ou de connaissances sans leur autorisation et ne pas proférer d'injures.

- Demander l'avis à un adulte avant de s'inscrire sur un « chat », dans un forum ou même à un concours en ligne. Préférer les « chats » sécurisés, surveillés par des modérateurs ou encore privés, dont l'accès n'est autorisé qu'aux personnes que l'on a soi-même sélectionnées.

- Ne pas ouvrir les mails d'inconnus, surtout lorsqu'ils sont sans objet ou, avec des objets trop familiers (bonjour, tes photos, notre rendez-vous, etc.).

- Pour tout achat sur Internet, ne jamais communiquer le numéro de carte bancaire des parents sans leur accord !

- Attention à la webcam : ne jamais l'utiliser avec des inconnus ! Trop de jeunes s'exposent en dévoilant leur vie et en se laissant filmer. Comme pour les blogs, ces images peuvent être exploitées, truquées et détournées sur des sites pornographiques.

- Dernier point : ne pas télécharger de films ni de musiques, car c'est interdit par la loi et de plus en plus sanctionné.

<u>À télécharger gratuitement</u> : le petit livret « C ton net » pour apprendre à surfer http://www.droitdunet.fr/juniors.

41

J'ai un copain qui n'arrête pas d'aller sur des sites porno

Les sites et films porno sont faits par des adultes, pour les adultes ! Ils correspondent à des fantasmes à eux. Les adolescents ne devraient donc pas y avoir accès.

▸ Une mauvaise initiation

Quand on ne connaît pas encore grand-chose à la sexualité, c'est dommage de l'aborder de la sorte, même si ça paraît tentant, voire excitant... Même si les copains et les copines surfent déjà sur des sites pornographiques. Qu'en est-il du plaisir de la découverte ? De la spontanéité du geste dans la rencontre ? Envahi par de telles images, comment peut-on envisager une sexualité épanouie puisque tout semble obéir à un rituel peu ragoûtant ?

Évidemment, il ne s'agit pas de reproduire ce qu'on voit dans les films porno qui ne présentent que la violence de rapports charnels dépourvus de tout sentiment. Ce n'est pas comme ça qu'on aborde la sexualité et ce n'est pas non plus ce qu'on doit proposer ou imposer à son partenaire quand on a des rapports sexuels avec lui. Encore faut-il le savoir...

Bien qu'adolescent on soit déjà loin de la sexualité de l'enfant, il est quand même bon de pouvoir goûter au plaisir du romantisme et d'être un peu fleur bleue ! Même si on a l'impression d'apprendre un tas de trucs devant ces images, personne ne fait l'économie de la découverte de la sexualité et de la manière dont son propre corps va réagir, en accord avec son cœur. En regardant de tels films, on a l'impression de voir de la chair, mais ce n'est que de la viande ! On observe seulement de la gymnastique à travers des images franchement désincarnées.

▸ Faire l'amour comme dans les films porno

Les garçons s'intéressent souvent plus à la pornographie que les filles qui, pour la plupart, trouvent ça dégoûtant. Dès qu'ils en ont l'occasion, ils achètent ou empruntent des magazines spécialisés, et surtout ils vont sur Internet ou regardent certains films tard le soir à la télévision... Deux adolescents sur trois auraient déjà vu ce genre de film.

Alors qu'ils ne connaissent pas grand-chose à la sexualité, les garçons regardent ces images pour s'exciter, bien sûr, mais aussi pour faire leur éducation sexuelle. Et comme il est difficile de poser des questions sur la sexualité quand on est ado, certains croient que les rapports sexuels que l'on voit dans les films porno (avec notamment des femmes très soumises) se passent comme ça dans la vraie vie !

▸ Une fausse image de la sexualité

Quelle image les garçons peuvent-ils se faire de la sexualité en se nourrissant de telles représentations ? Quel plaisir peuvent-ils éprouver à voir les filles soumises et perverses, partantes pour toutes les humiliations et jeux sexuels possibles, aimant être traitées comme des objets ?

Quelles représentations ont-ils aussi des hommes qui ont tous l'air d'être obsédés et limite violents ? Que peuvent-ils penser de ces hommes-machines sans aucune panne sexuelle, jamais ? Comment vivre cette différence quand on a 14 ou 15 ans et que l'on n'a jamais fait l'amour ? Et pour ceux qui sont plus âgés, ceux qui ont eu peut-être leur première expérience sexuelle, comment se situer par rapport à des actes qui relèvent plus de la technique et de l'acrobatie que du désir et du plaisir partagés ?

Les questions sont sans fin. Les réponses ? À nous de les trouver et de revenir à la réalité, à la découverte du vrai plaisir accompagné de tendresse.

Savoir dire non

Faire l'amour n'a rien d'un exercice de gymnastique de haut niveau. Si on n'en a pas envie, il n'y a aucune obligation de se soumettre à ce qui nous est proposé, à pratiquer ceci ou cela pour un plaisir soi-disant plus intense. Il ne faut pas croire non plus que tout le monde fait comme ça... Rien ne doit être défini à l'avance, à part le moyen de contraception et la protection contre les infections sexuellement transmissibles, bien entendu.

Érotisme et pornographie, quelle différence ?

On confond parfois ces deux termes qui expriment l'amour physique, la sexualité, et qui ont tous deux le même but : le plaisir. Un film érotique mise davantage sur l'esthétique. Il suggère plus qu'il n'impose. Un film pornographique est à l'inverse très cru. Il montre tout dans les détails, ce qui en devient obscène, et l'aspect esthétique est complètement laissé de côté au profit de la technique. Les dialogues, si on peut appeler ainsi ces échanges, y sont limités et le vocabulaire grossier.

Comme toute rencontre, chaque rapport est unique. Éprouver du désir, du plaisir, s'autoriser à manifester sa tendresse, peut se conjuguer dans un ordre qui n'est jamais le même.

Quel que soit son âge, une jeune fille doit être capable de dire non à un garçon qui rêve de faire l'amour comme dans les films porno. Elle doit être en mesure de dire non à un garçon si elle ne veut pas du tout de rapport sexuel avec lui. Il n'y a pas de honte à cela, au contraire. Cela ne veut pas dire qu'elle est « coincée » ou « prude » ! C'est juste une question de respect de soi[1].

1. Le site http://www.filsantejeunes.com permet de poser toutes les questions que l'on veut. On peut appeler aussi le 0 800 235 236.

VI

Aimer, pas comme tout le monde

L'homosexualité est une attirance sexuelle pour les personnes du même sexe : les filles pour les filles, les garçons pour les garçons. En pleine transition entre l'enfance et l'âge adulte, il arrive que les adolescents fassent des expériences homosexuelles sans pour autant être homosexuel(le) car tout n'est pas encore joué ! C'est la répétition de ces expériences et l'installation de cette préférence qui définissent l'homosexualité. Si certains affirment avoir toujours su qu'ils étaient homosexuels (ou bisexuels[1]), tous les homosexuels ne peuvent pas en dire autant.

1. Celui ou celle qui a des relations intimes aussi bien avec des filles qu'avec des garçons.

42

Mon best friend se demande s'il n'est pas homo

Il n'est pas rare de douter de sa sexualité autour de l'adolescence. Submergés par des désirs aussi forts que variés, certains ont parfois du mal à faire la part des choses et se posent mille questions. Homo ou pas homo ? Seul l'avenir le dira. En attendant, rien ne sert de se prendre la tête. Même si on a une aventure homosexuelle, cela ne présage en rien de l'avenir sexuel.

▸ À l'adolescence, tout est possible

Très tôt, vers 7-8 ans, les petites filles peuvent s'adonner à des jeux sexuels avec des partenaires du même sexe. Elles mettent en place des jeux qui engagent une sensualité du corps (elles prennent des bains ensemble, se coiffent mutuellement pendant des heures, s'embrassent). Pour les garçons, c'est un peu plus tard, vers 10-11 ans. Ils comparent la longueur de leurs « zizis » ou s'amusent à celui qui fera pipi le plus loin. Mais cela ne prédit en rien leur choix à venir.

À l'adolescence, les relations entre ados sont si intenses, l'amitié entre filles et entre garçons si forte, qu'elles ressemblent à s'y méprendre à des relations passionnelles. Cela cache souvent une peur du sexe opposé, une peur de cet autre si différent. Naviguer en terrain connu semble plus rassurant. Du coup, les sentiments sont tout sauf tièdes. On s'engage à la vie, à la mort. Et ce ne sont pas des mots en l'air. On y croit dur comme fer. On est même persuadé que rien ni personne ne pourra nous séparer. On se dit tout, on se donne tout, et on se jure une fidélité éternelle.

▸ Pourquoi cette attirance pour les amis du même sexe ?

Il est beaucoup plus facile de comprendre quelqu'un du même sexe que le sien et avec un corps semblable. Une fille se sentira en terrain connu avec une autre fille. Un garçon avec un garçon. Avec quelqu'un du même sexe, il y a un effet miroir, on se voit dans l'autre et cela permet de savoir qui on est et peut-être où on va. Et puis, l'amitié très forte, ça aide aussi à se sentir moins seul quand il faut lâcher les parents et apprivoiser le monde.

Ces amitiés « amoureuses », souvent exclusives, sont un passage que beaucoup empruntent. Mais elles peuvent déclencher la peur d'être homosexuel, et un sentiment de culpabilité, comme si c'était interdit et même dangereux. On a l'impression de vivre quelque chose d'anormal qui marginalise. Du coup, on se tait et on risque de s'enfermer avec sa peur, voire sa honte. Alors que chacun de nous peut éprouver du désir pour les deux sexes.

▸ Et si c'était vrai...

Si une fille n'a aucune attirance pour les garçons, et un garçon aucune attirance pour les filles, on peut dire que quelque chose est en train de se mettre en place, mais il ne s'agit pas forcément d'une homosexualité.

En revanche, lorsque l'attirance pour le même sexe s'avère être celle dans laquelle on se sent bien, soi-même, sexué, un long travail d'acceptation doit suivre car il est nécessaire de s'habituer à cette idée, à cette énigmatique et incontournable différence sexuelle.

43

Elle (il) me drague et je ne sais pas comment dire non

Quand on est une fille, on peut se retrouver un jour devant une copine qui nous drague. Quand on est un garçon, un copain peut aussi vouloir nous séduire. C'est fréquent à l'adolescence d'avoir des élans homosexuels, on ne sait pas trop sur quel pied danser et la recherche du plaisir nous conduit parfois sur des chemins inattendus. Seulement, il est délicat de se retrouver en face de quelqu'un qui est dans cette demande, alors que nous ne sommes pas du tout dans cette réciprocité-là !

▸ Que faire?

Devant une situation qui nous échappe et qui nous oblige à prendre position, mieux vaut ne pas trop nous précipiter ! Le but est de faire le moins de mal possible à cet(te) ami(e) tout en envoyant un message clair et sans équivoque.

Il se peut que nous soyons tiraillés entre deux attitudes : ou bien faire comme si de rien n'était, comme si on n'avait rien vu, tout en nous demandant si, en effet, c'est ça qu'on devait comprendre, ou bien prendre les choses en main et en parler ! Celui qui est en demande peut ressentir aussi douloureusement l'une ou l'autre attitude : puisqu'il attend une réponse positive.

Ne rien dire, c'est toujours exprimer quelque chose. On nie l'autre en faisant comme s'il n'avait rien fait, rien dit ou rien montré de spécial. C'est très douloureux pour celui qui est en face. Il pourrait aussi prendre cela pour du mépris.

En revanche, oser parler peut soulager. Même si c'est pour dire non. Cela signifie que l'on a entendu la demande de l'autre, qu'on l'accueille telle qu'elle est, sans se moquer, avec courage. Que l'on soit d'accord ou pas, c'est une autre histoire. Même si c'est difficile pour celui qui essuie ce refus, l'effet est radical : aucun espoir n'est possible ! Un « non » dit avec sincérité et gentillesse sera toujours mieux reçu qu'un « non-dit » maladroit.

Une fois la douleur du refus estompée, il (elle) pourra se tourner vers d'autres personnes et peut-être entamer une vraie histoire d'amour. Ce non l'aura libéré(e).

▸ Que dire pour ne pas la (le) blesser ?

C'est toujours gênant de dire non à quelqu'un, surtout quand il s'agit de déclaration d'amour... Pour s'en sortir sans blesser l'autre, on peut lui dire : « Je t'aime beaucoup, mais pas comme tu voudrais que je t'aime. Je t'aime comme une ami(e), comme un(e)complice, mais pas pour partager quelque chose de physique. » En amour, il vaut mieux être honnête, c'est une manière d'être généreux. Il n'y a rien de pire que le non-dit qui est forcément équivoque et risque de laisser de faux espoirs.

▸ Une discrétion qui s'impose

Une fois la discussion close, ce genre d'histoire fait partie de celles qu'il vaut mieux garder pour soi. Par respect pour celui qui aime et qui a osé le dire. Celui qu'on n'aime pas d'amour, mais simplement d'amitié.

Tout le monde est friand de potins, de petits racontars sur les uns et les autres, a fortiori quand il s'agit de relations pas tout à fait « dans la norme ». Il suffit d'un mot pour qu'on bâtisse un scénario et qu'au bout du compte, cet(te) ami(e) prenne un visage tout à fait différent, celui de la rumeur qui colle et salit tout sur son passage. Alors, chut !

44

J'aime un homosexuel

Parfois, à 15 ou 16 ans, on remarque un garçon très timide mais séduisant parce qu'il a quelque chose d'une fille, une attitude qui ne nous met pas sur nos gardes. On s'approche, on apprend à s'apprécier... et finalement, on découvre qu'il est homosexuel.

▸ Une connivence troublante

Parce qu'il est peut-être efféminé, on lui parle et on partage des moments comme avec une copine. Parce qu'elle est si complice et si proche, on ne pense plus qu'à être avec elle. Si la relation perdure et que la séduction augmente, il se peut qu'on tombe amoureux. Que faire alors ?

Si l'on a un doute sur l'homosexualité d'un garçon ou d'une fille et que l'on est attiré par lui ou elle, on peut s'approcher un peu... et continuer jusqu'à ce que l'autre dise stop. Si c'est trop gênant, on peut aussi se renseigner auprès de ses amis ou carrément lui écrire un mot (lettre, e-mail) pour lui expliquer ce qui se passe en nous.

Si on n'a pas de doute, autrement dit, si l'autre est vraiment homosexuel, on ne peut bien évidemment pas le forcer à nous aimer d'amour. Dans ce cas, il est nécessaire de se demander pourquoi on est justement amoureux d'une personne qui ne peut pas donner ce que l'on attend d'elle. Pourquoi on a peur d'aller vers les gens avec qui c'est possible. Bonne question, non ?

45

Je n'arrive pas à accepter mon homosexualité

L'homosexualité, c'est l'attrait confirmé, permanent et exclusif pour les personnes du même sexe. Quand on est sûr d'être homosexuel, il faut s'attendre à vivre des moments difficiles.

▸ Une réalité à intégrer

Si certains se sentent très bien dans leur peau, d'autres ont plus de mal à vivre leur homosexualité, par peur du regard des autres, peur d'être mal jugés, mal compris, catalogués... Heureusement, l'homosexualité est de mieux en mieux acceptée dans la société. Malheureusement, l'homophobie (hostilité envers les homosexuels) existe. Elle se fait entendre par des commentaires ironiques, des moqueries, des blagues. Parfois, cela va jusqu'aux violences physiques.

Il est difficile de se sentir différent des autres dans ce qu'il y a de plus intime, sa sexualité, son désir sexuel. Se l'avouer à soi-même et s'accepter en tant qu'homosexuel est forcément long, compliqué. Sans compter qu'ensuite, il faut le faire accepter aux autres, à commencer par ses parents.

▸ C'est quoi, le coming out ?

Faire son coming out, c'est faire savoir à ceux qui nous entourent qu'on est homosexuel. C'est une étape importante que tous les homosexuels ne franchissent pas pour ne pas avoir à affronter la violence des autres. Par peur de choquer aussi, de perdre des amis ou encore blesser leurs parents.

Certains choisissent des chemins détournés pour informer leur entourage. Ils laissent suffisamment de pistes pour que le frère, la sœur ou la mère trouvent des indices, des lettres, des mails restés ouverts sur l'ordinateur... C'est une manière d'aborder le sujet indirectement puisqu'on ne peut pas l'aborder directement. Tel le Petit Poucet, on laisse derrière soi des cailloux pour que l'autre remonte la filière et comprenne.

▸ Quand les parents n'acceptent pas

Il arrive malheureusement que des parents fassent la sourde oreille. Leur enfant leur dit qu'il est homosexuel et ils font comme s'ils n'avaient rien entendu. C'est ce que l'on appelle le déni. Ne cherchant pas à comprendre, craignant l'homophobie[1] de leur entourage, certains parents expriment leur dégoût ou leur mépris et excluent leur enfant.

Dans un cas comme dans l'autre, il n'est pas bon de rester seul avec la peine de se sentir incompris et ignoré, voire rejeté. Il faut en parler à quelqu'un de confiance. Un ami ou une amie qui a vécu la même chose, un professionnel qu'on peut contacter via des organismes d'entraide[2] pour jeunes homosexuels. Cela permet d'apprendre à s'accepter sans culpabilité, de se donner les chances d'assumer son choix et de le vivre le mieux possible.

1. Voir http://www.sos-homophobie.org.

2. Ligne Azur : 0 810 203 040, lundi, mercredi et vendredi, de 14 h à 19 h ; mardi et jeudi de 17 h à 22 h. Pour toutes les questions concernant l'orientation sexuelle.

VII

Amour et excès

La force des sentiments va souvent de pair avec des débordements en tout genre. On se laisse aller par amour. On ne se défend pas, parce qu'on a perdu le contrôle. Même si on dit facilement que l'adolescence est l'âge de tous les excès, ce n'est pas une raison pour tomber dans certains panneaux ! En s'informant, on se donne la possibilité d'éviter les dérives. En parlant avec les copains aussi, surtout avec ceux qui ont déjà eu des ennuis...

46

Je me suis lâché(e) parce que j'avais trop bu

L'alcool nous trompe. À faible dose, il nous rend plus gais et semblerait nous donner du courage, mais, une fois qu'on a commencé, il est parfois difficile de savoir s'arrêter. Malheureusement, les conséquences sont souvent dramatiques.

▸ Ivresse ponctuelle = risques immédiats

Quand on est ivre, on prend de gros risques par manque de maîtrise, de conscience. Tout est possible : les comportements dangereux (se battre, bousculer les filles), les abus sexuels (avoir des rapports non désirés et non protégés), on court aussi l'énorme risque d'avoir un accident de scooter ou de voiture. On peut même se laisser aller à des défis idiots... Il arrive encore qu'on perde des objets ou des vêtements ou qu'on se les fasse piquer parce qu'on est inconscient.

▸ Du gros câlin au viol...

Une fille qui boit (trop) dans une soirée peut se sentir pousser des ailes en matière de séduction. Par conséquent, certains garçons peuvent mal interpréter le message et se sentir autorisés à tenter d'avoir une relation sexuelle... Pire.

Il arrive aussi que des garçons mal intentionnés profitent de l'état d'ébriété d'une fille pour abuser de sa fragilité.

Que se passe-t-il le lendemain ? Certaines filles ne se rappellent rien et ignorent donc le risque de grossesse qui les guette ou l'apparition d'infections sexuellement transmissibles. D'autres gardent quelques souvenirs et paniquent à juste titre.

▸ Les questions qu'il faut absolument se poser

Ça fait beaucoup d'ennuis pour quelques verres, non ? D'autant plus que, côté séduction, prendre une cuite n'a rien de sexy. Pour draguer, ce n'est pas génial non plus... Ne parlons même pas des troubles de l'érection chez les garçons quand ils ont bu et de la baisse des sensations chez les filles.

47

Je fais comme mon copain, je sèche les cours

C'est ce que l'on appelle se laisser influencer. Ça part d'un bon sentiment. Il ou elle sèche et on ne veut pas le laisser tout seul. Mais est-ce qu'on aide vraiment son petit copain quand on le suit dans ses dérives ?

▸ Les dangers de la banalisation

L'amour n'autorise pas tout, surtout pas que l'on se mette en danger soi-même. Or c'est vraiment de cela qu'il s'agit quand on sèche les cours. Une heure grappillée par-ci par-là, est-ce que cela peut sérieusement menacer la scolarité d'un élève ? Pas pour les très bons élèves, mais pour les élèves moyens, le danger est réel. De plus, l'absentéisme ne s'installe pas du jour au lendemain. C'est un processus long et insidieux, comparable à une conduite addictive. On y prend goût. C'est de moins en moins grave. On finit par ne même plus se lever le matin.

Ce sont ses études à soi, son avenir à soi qu'on met ainsi en danger quand on se déclare « solidaire » de son copain qui, lui, a choisi de ne pas aller à l'école. Pour ses raisons à lui qui ne sont certainement pas valables pour soi.

▸ Aimer autrement

Une relation amoureuse est faite de solidarité. Certes. On soutient l'autre quand il ne va pas bien, on l'épaule, on est là, tout proche. Mais est-ce vraiment l'aider que de le suivre dans ses bêtises ? Est-ce que l'amour doit nous autoriser à foncer ensemble dans le mur ? Non.

Pourquoi l'autre sèche-t-il les cours ? Il n'a pas pu se lever parce qu'il a trop bu ou trop fumé[1] ? Est-ce pour des raisons familiales ? Un parent au chômage, ou malade ? À cause d'un divorce qui se passe mal ? Pour des raisons qui touchent à la dépression ? « Rien ne sert à rien dans ce monde. Si c'est pour être chômeur, autant ne plus aller à l'école... »

Finalement, ce n'est pas si sympa, ni très responsable d'accompagner son copain ou sa copine dans ces conduites. Ça ne l'aide pas, ça l'enfonce. Ne pourrait-on pas imaginer un autre type d'accompagnement ? Un soutien qui partirait à la fois du cœur et de la tête ?

Comment ? En commençant par une certaine résistance : « Tu sèches ? Et bien, moi pas, je n'ai pas envie d'être à la dérive. Si tu veux, on en discutera après les cours ».

Ça peut paraître anodin, mais l'autre est capable d'entendre ça et, pendant qu'il nous attend au café du coin, il y a des chances pour que ça lui trotte dans la tête et fasse

---

1. Trop banalisée, la fumette ou prise de cannabis, le joint, n'est pas insignifiante Non seulement, c'est illégal, mais fumer comporte des risques de maladies psychiques ou physiques. Quand on fume, on se détache assez vite de ses obligations, comme lorsqu'on boit : on sèche les cours, on se replie sur soi. Souvent, on se sent incompris. Les dégâts sont importants sur des personnalités fragiles. Pour en savoir plus, on peut appeler Drogue Alcool Tabac Service au 113 (appel gratuit) ou Écoute cannabis, au 0 811 91 20 20 (appel gratuit, de 8 h à 20 h 7j/7) ; et consulter le site http://www.drogues.gouv.fr.

son chemin. Il peut se dire : il m'aime ou elle m'aime, mais ça ne l'empêche pas de penser à son avenir. Incroyable ! Il peut même admirer cette attitude et se mettre à réfléchir à la sienne.

Autre idée. On peut proposer une aide extérieure à son amoureux ou son amoureuse. Pas nécessairement un prof ou un psy, mais simplement un petit coup de fil à une association qui l'aidera moralement dans un premier temps. Croix-Rouge Écoute ou Fil Santé Jeunes sont très efficaces et présentent l'avantage de l'anonymat et de la confidentialité[1].

L'amour ne passe pas toujours par les chemins qu'on croit. Parfois il est bon de savoir résister pour que l'autre se ressaisisse et choisisse enfin ce qui est bon pour lui, avec nous.

1. Croix-Rouge Écoute : 0 800 858 858, du lundi au vendredi de 10 h à 22 h et le week-end de 12 h à 18 h. Fil Santé Jeunes : 0 800 235 236, 7 j/7, 24 h sur 24, de 8 h à minuit. Pour toutes les souffrances (angoisses, dépendance, dépression, solitude).

VIII

Trahisons & Cie

Quand quelque chose vient perturber ou entacher la relation à l'autre, que ce soit en amour ou en amitié, on a souvent peur que ce soit irréversible...

Dans les BD ou dans les dessins animés, l'irréversible n'existe pas. Tout est réversible : le temps, l'espace, les actes. Dans les contes pour enfants, par exemple, les personnages ressuscitent, les situations les plus désespérées s'améliorent, la plus laide trouve son amoureux en devenant alors la plus belle... or il y a des actes qui sont bel et bien irréversibles. Tout n'est pas permis ! Mais ça, on ne l'apprend qu'en grandissant. Ce qui ne veut pas dire qu'il y ait une manière unique de faire ou une seule norme. Non, sinon on serait tous pareils...

Dire que « tout » n'est pas permis veut dire qu'il y a des limites. Ce n'est pas parce qu'on grandit qu'on peut faire n'importe quoi. Si on insulte une personne en cherchant à la blesser, elle va avoir du mal à effacer l'agression subie.

Selon les traces que certaines blessures nous laissent, on peut savoir à quel point on est affecté. Si quelqu'un nous fait mal sur le corps, celui-ci accuse réception avec un bleu, une trace, une cicatrice. Dans le cœur, c'est plus subtil. Ça peut être encore plus douloureux.

Si la personne qui nous a blessés ne compte pas vraiment pour nous, il vaut mieux passer outre et apprendre à quoi nous en tenir avec elle. La mettre à distance suffisamment pour que sa méchanceté ne nous atteigne plus. D'ailleurs, il n'est pas rare que ce genre de personne se comporte de la sorte avec d'autres et qu'en fait, sa méchanceté ne s'adresse pas qu'à nous !

S'il s'agit de quelqu'un à qui l'on tient, c'est presque une obligation pour nous de chercher à nous expliquer. C'est l'occasion d'apprendre ce qu'elle pense pouvoir se permettre dans une relation amoureuse ou amicale.

Lorsqu'on se sent blessé, il est important de le dire à celui ou celle qui est à l'origine de notre malaise. Car on ne peut ni effacer ni même annuler ce genre de blessure. Il n'y a pas de Tipp-Ex pour la souffrance.

48

Je l'ai trompé, que faire ?

C'est une question intéressante parce qu'elle nous pousse à prendre position par rapport à nous, à savoir ce que nous voulons ! Que s'est-il passé ? Pourquoi ai-je fait ça ? Si les copains ou copines sont au courant, ils nous engagent aussi à nous positionner par rapport à eux. Que vont-ils penser de moi ? Que dois-je ou que puis-je leur dire par rapport à cette déloyauté ?

Tromper quelqu'un est un acte qui change la relation, de toute façon. Quelque chose s'ouvre alors. Une faille. Quelque chose n'est plus. On se pose des questions : « Que signifie la fidélité pour moi ? Que veut dire être fidèle ? »

▸ Faut-il lui avouer ?

Avouer à son copain qu'on l'a trompé est une décision qui ne regarde que soi. En fait, tout dépend de la relation que l'on a construite avec lui...

• C'est un vrai cœur d'artichaut ?

Donc un garçon « à filles »... Dans ce cas, on a pu se sentir « autorisée » à le tromper. « Il m'a trompée ? Pourquoi pas moi... »

• Aïe, il est jaloux !

N'est-ce pas justement sa jalousie qui m'a poussée à le tromper ? Même si ça paraît tiré par les cheveux, la jalousie excessive de l'autre peut engendrer ce type d'acte. Comme un défi. Pour donner de vrais motifs à sa jalousie.

• C'est le mec idéal...

Si on a une « perle rare » dans sa vie et qu'on le trompe, c'est peut-être parce qu'on s'imagine ne pas être à la hauteur. On peut se croire « pas cap' » ! On le trompe aussi pour voir s'il tient à nous, pour mettre son amour à l'épreuve.

Il n'y a pas « une » manière d'être en relation dans l'amour, mais des milliers ! À chacun de trouver la sienne. Ce qui compte, c'est la façon dont on tisse la relation avec l'autre et ce que l'on apprend de nos sentiments et des échanges qui ont lieu entre nous. Parfois, tromper l'autre est aussi une manière de s'interroger sur ce qu'on fait, sur la façon dont on aime. Si c'est nous qui sommes trompées, nous nous rendons compte que c'est douloureux. Peut-être avons-nous envie de nous venger et de faire du mal à notre tour parce que nous n'arrivons pas à dire à l'autre combien c'est douloureux ? La fameuse loi du Talion : œil pour œil, dent pour dent ! Même si ce n'est pas le meilleur moyen pour qu'il le reconnaisse.

Alors soit on avoue, soit on n'avoue pas ! C'est selon. Selon la situation. Selon ce que l'on sent être bon pour soi ou pas. C'est qui compte, c'est l'acte et pourquoi on le fait, et cela n'a rien à voir avec une question de morale...

▸ Peut-on recommencer ?

Personne ne peut nous donner la permission de tromper notre partenaire une nouvelle fois. C'est à nous de le décider. Selon la règle du bien et du mal et du fameux *Ne fais pas aux autres ce que tu ne veux pas qu'on te fasse à toi.*

On peut tromper et se tromper plusieurs fois. Nul n'est à l'abri d'une tentation, mais on sait ce que l'on risque... Ne trompe-t-on pas parce qu'on cherche quelque chose ailleurs ? Mais quoi ? Qu'est-ce qui manquait dans la relation qu'on a cherché ailleurs ?

▸ Tromper, moi ? Jamais !

Tromper et trahir, quelle différence ?

Quand on sort avec quelqu'un, on essaie d'être authentique. Le ou la tromper, c'est donner un petit coup de canif dans cette authenticité, c'est la rompre un peu et prendre le risque qu'elle s'arrête aussi. Cela peut être embrasser un garçon au cours d'une soirée, mais aussi faire croire à l'autre que l'on a beaucoup d'expérience, « faire semblant », alors que c'est faux. Mais paradoxalement, ce n'est pas parce qu'on embrasse un garçon lors d'une soirée qu'on est fautive ! Il se peut que cela soit nécessaire, intimement, pour se dire qu'on choisit toujours et encore son amoureux !

La trahison en amour, c'est « tromper grave » ! On trahit lorsqu'on s'est dit ou promis des choses et qu'on ne les tient pas. Par exemple, raconter un secret très intime, faire circuler un bruit sur celui qui nous est cher, mentir pour se débarrasser de lui... C'est grave parce que cela touche à des principes de la relation, à quelque chose d'un pacte entre nous qu'on n'a pas respecté. Si on a promis la discrétion, on doit s'y ternir, la parole donnée compte !

La trahison, c'est beaucoup plus essentiel que la tromperie. On peut tromper l'autre, mais ce n'est pas nécessairement le trahir. Tromper, ça concerne la fidélité et l'infidélité. Trahir, c'est différent, c'est faillir à une parole, à un engagement.

On peut adopter comme principe de ne jamais être infidèle, mais il n'y a pas de garantie ! On peut décider très jeune de ne jamais tromper personne et essayer de s'y tenir. Mais la contrainte est rude. Il est difficile d'édicter une règle de conduite quand on est adolescent et que l'on débute dans les histoires d'amour. Ne faut-il pas apprendre à se connaître et voir comment on fonctionne avec les autres avant de se poser des conditions si rigides ? Les principes, on se les forge chemin faisant, à la lumière de ses propres expériences et des repères que l'on a sur ce qui est bien et mal...

49

Je me sens trahie parce qu'il m'a trompée et qu'il ne m'a rien dit

Est-ce si essentiel de savoir que l'autre a trompé ou pas ? Qu'il y ait eu trahison ou pas ? Ce qui est important, c'est que la relation n'est plus la même, que l'autre nous aime en fait autrement, que l'on s'imaginait autre chose et que maintenant, on a mal.

Ce qui fait le plus souffrir dans ces cas-là, c'est de ne pas l'avoir su. On se sent exclu, comme jeté à la poubelle.

▸ Une rumeur qui court

Parfois, on apprend que l'autre nous a trompé par la bande... Pas de preuve, seulement une rumeur. Méfiance ! La rumeur est très ravageuse et a tendance à déformer la réalité. Pour en avoir le cœur net, il faut en parler au principal intéressé bien sûr, mais ce n'est pas facile parce que sa réponse fait peur d'avance. Il peut avouer ou pas... À nous de l'accepter ou pas. Que faut-il croire ? Et surtout que faire ? Passer l'éponge ? Tout dépend du lien et de la confiance qu'on a en l'autre, mais n'oublions pas que l'on est en train de faire ses premières armes et que l'on n'est pas à l'abri d'une faiblesse. Refaire confiance à son partenaire parce qu'on tient beaucoup à lui peut s'avérer positif... À condition que ce genre d'incident ne se reproduise pas. Si cela se répète, on saura que si on ferme les yeux, cette fois-ci, c'est nous que nous trahirons !

Il (elle) ne peut pas s'empêcher de draguer

Il y a, en effet, des séductrices et des séducteurs invétérés. Et il est bien difficile de les faire changer, à moins qu'ils décident de chercher pourquoi ils agissent ainsi. Ce besoin de séduire, de plaire et de conquérir qui les agite a directement à voir avec la confiance qu'ils ont en eux. Ils sont si peu sûrs d'eux qu'ils se font passer des examens en permanence : suis-je bien aujourd'hui ou pas ? Suis-je beau (belle) ou pas ? Suis-je assez intelligent(e) ou pas ? Un vrai check-up au quotidien... Quand on est comme ça, on dépense beaucoup d'énergie, on se fatigue beaucoup, car on est profondément insatisfait et on lasse son entourage...

▸ L'amour-propre comme boussole

On peut se laisser embobiner par son partenaire sur le peu d'importance de la tromperie ou de la trahison, comme le fait Kaa, le python dans *Le Livre de la jungle* quand il dit : « Aie confiance ! » On peut le croire... ou pas. En revanche, la limite, le cran d'arrêt, c'est l'amour-propre ! Parfois, on peut se rendre compte qu'on se sent indigne de soi-même. On éprouve de la honte à s'être laissé aller à faire confiance. Parfois aussi, ce n'est pas le cas. On se soumet. Est-ce un modèle familier ? On a tout intérêt à tirer cette situation au clair pour comprendre enfin ce qui se passe dans notre inconscient pour que les choses se répètent et nous fassent souffrir.

Dans une relation à deux, les filles et les garçons ont des rôles différents, mais en aucun l'un n'est supérieur à l'autre. Aujourd'hui, on parle beaucoup de parité. Cela ne veut pas dire que les filles doivent faire n'importe quoi comme certains garçons, c'est plutôt un terme qui veut dire : autant de filles que de garçons, le même pourcentage dans le partage des responsabilités et de reconnaissance des droits. Donc, lorsqu'on nous maltraite ou que l'on essaie de nous soumettre, c'est notre responsabilité d'accepter ou pas cette situation. Responsabilité et culpabilité ne signifient pas la même chose. La responsabilité implique un jugement, une pensée de jugement, pas un jugement de juge. Une pensée qui nous permet de faire un choix, pas d'agir en victime.

Si c'est nous qui trompons

Ce qui est important, c'est de savoir dans quelle mesure la tromperie ou déloyauté peut briser la confiance donnée. Si on recommence souvent et qu'on se laisse aller sans aucune retenue alors qu'on affirme être la copine de... ou le copain de... on peut se demander à quelle place on met cet autre que l'on dit aimer. S'agit-il d'une sorte de doudou qui nous rassure et nous donne la possibilité de voir ailleurs ? S'agit-il d'un pseudo-parent de qui on attend qu'il nous gronde ou nous sanctionne ? Voudrait-on être toujours celui qui convainc l'autre de sa bonne foi ? Pourquoi agit-on ainsi ? Pour être cruel ou juste pour tester l'étendue de son pouvoir sur l'autre ?

50

Je vis dans l'angoisse d'être trompé(e)

C'est ce qu'on appelle une grosse parano ! Y a-t-il eu des signes qui m'ont fait comprendre que cela pouvait arriver ? Suis-je à côté de quelqu'un qui adore séduire tout en tenant à la relation qu'il a avec moi ? Ça peut arriver... À moi de savoir si je le supporte ou pas. Cela peut être un truc de l'autre de vouloir plaire sans limites. Une attitude qui ne s'adresse pas nécessairement à moi. D'ailleurs, c'est peut-être même cela qui m'a plu... au début.

▸ Je veux qu'il (elle) change pour moi !

Vouloir que son partenaire change à tout prix ne le fait pas changer pour autant ! On peut lui dire, mais pas lui imposer qu'il change, car on ne change pas les autres. C'est à nous d'accepter ou non la situation. Ce qui change dans ce cas, c'est la relation, mais pas nécessairement dans le bon sens. Ça peut la faire basculer côté méfiance et la pourrir.

Si on sort avec un séducteur/une séductrice, mieux vaut savoir tout de suite si on peut supporter son papillonnage ou pas. L'important étant de ne pas se sentir utilisé. Même si l'opinion des copains/copines compte, il faut savoir ce qui est le plus important pour soi. Malgré l'affinité et la coïncidence des goûts, c'est de notre vie qu'il s'agit, c'est elle que nous sommes en train de construire et c'est à nous de savoir nous connecter avec ce qu'il y a de plus authentique en nous, avec ce à quoi on tient.

▸ Et pourquoi pas ?

Si on souffre trop parce qu'on anticipe toujours le pire, il est peut-être préférable de se tourner vers quelqu'un d'autre pour être enfin en accord avec soi-même. Car c'est nous qui comptons avant tout.

51

Elle s'est fait larguer tout de suite après avoir fait l'amour avec lui

Malheureusement, c'est assez fréquent. C'est moche de la part d'un garçon de considérer une fille juste comme un « coup », de l'utiliser comme un amusement, une récréation, comme une poupée gonflable. Heureusement, tous les garçons ne sont pas comme ça !

▸ Comment savoir ce qu'ils ont derrière la tête ?

Avec un peu d'expérience, on repère assez vite les garçons qui cherchent l'aventure, comme on dit de façon romanesque. Ils n'y vont en général pas par quatre chemins. Ils foncent, se montrent vite assez familiers et entreprenants et tentent leur chance assez rapidement. Pourquoi perdre du temps avant, puisqu'ils n'ont pas l'intention d'en perdre après !

Si l'on sort avec un garçon dont on n'est pas vraiment sûre, il vaut mieux prendre son temps pour voir ce qu'il a derrière la tête. Au besoin, on peut lui exprimer ses doutes...

▸ Prudence

On ne le redira jamais assez : le préservatif est indispensable pour chaque rapport sexuel. Même si le partenaire affirme qu'il ne souffre d'aucune infection sexuellement transmissible. Même s'il dit qu'il faut lui faire confiance, qu'il sait se retirer et que l'on ne peut pas tomber enceinte la première fois... Mieux vaut prévenir que guérir[1].

1. Dans le doute : un petit coup de téléphone à Fil Santé Jeunes : 0 800 235 236.

52

Nous nous sommes aimés pendant tout l'été, mais je n'ai plus de nouvelles

Les amours de vacances sont toujours éclairées par un soleil brûlant, elles ont le goût du sable, la saveur des glaces à la fraise et des beignets trop sucrés... Ce sont des « amours cartes postales » ! On a du plaisir à regarder les photos de son amoureux(se), on les accroche dans sa chambre, on les stocke dans son portable ou son ordinateur, et on les regarde, la nostalgie aux lèvres.

S'il y a quelques avantages à vivre de telles relations, les inconvénients sont pénibles. Les moments de souffrance aussi.

▸ Avantages et inconvénients à méditer

À distance, on peut vivre sa vie tranquille. Autant du côté amical que du côté de l'école. Pas besoin de choisir entre son copain et ses amies ! Les soirées entre filles ou entre garçons n'exigent aucune justification non plus. Autre avantage : quand on se retrouve, c'est la joie ! Enfin, comme on ne se voit pas beaucoup, on se raconte plein de choses en essayant de donner le plus de détails possible.

Côté inconvénients, il y a davantage de choses à méditer... L'amour à distance ne convient pas à tout le monde. La jalousie est vite aiguisée quand on n'est pas là et le pire semble toujours certain (voir p. 196). Où est-il ? Que fait-elle ? Et avec qui ? Ce qu'il faut éviter aussi, c'est de passer tout son temps au téléphone ou sur MSN avec son copain ou sa copine. Une relation à distance ne doit pas enfermer, confiner à la maison et nous laisser dans une attente insupportable.

Il est vraiment difficile de penser qu'un amour d'été survivra à la distance. Il faut dire que l'on ne s'est vus que quelques semaines, en vacances, et qu'on n'a pas eu le temps de développer des sentiments suffisamment profonds pour que cela tienne. La vraie limite d'une relation à distance, c'est le manque de connaissance de l'autre au quotidien. Même si on se parle tous les jours, on n'est pas l'un à côté de l'autre, on ne vit rien ensemble. Même si cela permet de rêver, d'imaginer l'autre...

▸ Une rupture si facile

« Loin des yeux, loin du cœur », malheureusement, c'est souvent la réalité. En général, quand on est loin, on ne

Il a trop changé

Parfois, on a tenu bon. Une année s'est passée, ponctuée de messages, de lettres, de petits cadeaux envoyés par la poste. Enfin on se retrouve ! La plage, le soleil, les baisers fous... L'histoire, la vraie, peut de nouveau reprendre son cours. Mais, une fois les retrouvailles passées, on s'aperçoit qu'on a un étranger devant soi. Il a changé. Elle n'est plus la même. La distance est double maintenant. Non seulement on n'habite pas la même ville, mais chacun a évolué dans son coin et on n'a plus vraiment de choses en commun. Tant pis... C'était bien quand même.

s'encombre pas avec les aléas d'une rupture. On ne donne plus de nouvelles et l'affaire est réglée. Au mieux, on reçoit un petit message de temps en temps.

Si c'est une façon cavalière de rompre, il n'en ressort pas moins que la distance est difficile à vivre tous les jours. Qu'elle éloigne de l'autre et efface les souvenirs. Mal nourrie par un quotidien fait d'appels téléphoniques ou de conversations sur MSN, la relation perd de sa saveur et finit par mourir.

53

Il (elle) m'a quitté(e) sans rien dire, pourquoi ?

Sans rien dire du tout ? Ou bien n'a-t-on pas voulu voir l'inévitable ? Quand un couple ne fonctionne plus vraiment, quand il y a des problèmes, du désamour, l'un des deux partenaires fait souvent comme si de rien n'était. Il se voile la face, attaché à son idéal de couple et peu décidé à se remettre en question. Parfois aussi, il s'accroche de façon maladroite, il insiste et devient exaspérant. La rupture qui s'ensuit apparaît comme brutale, alors qu'elle était déjà annoncée...

Mais cette rupture peut avoir une autre origine. L'autre a eu un coup de foudre ! Ne sachant pas comment le dire, il fuit... Et il nous fait disparaître en même temps que lui. Résultat : on vit cette situation comme une trahison parce qu'on ne nous a pas dit la vérité en face.

▸ Des signes avant-coureurs

Il y a toujours des petites choses qui émergent quand une relation d'amour s'étiole. Seulement, même si on a des yeux pour voir et des oreilles pour entendre, parfois, on fait l'autruche. Ni vu ni connu. On pratique la politique du « tout va bien dans le meilleur des mondes ».

Ces petits soucis relationnels peuvent avoir des origines très diverses. On a l'impression que l'autre ne nous comprend pas ou plus, qu'il passe trop de temps avec ses amis, nous délaisse le week-end. Il est toujours de mauvais poil. Il n'est pas tendre, seulement quand il s'agit de faire des câlins... Tout pose problème, même le choix d'un film à aller voir au cinéma.

Il faudrait en parler... Sinon, c'est un sentiment de frustration et d'insécurité qui prend la place des sentiments. Sans dialogue, sans concertation, la relation pourrit et le mauvais fruit, c'est nous.

▸ Entendre ne veut pas dire forcément comprendre

En général, on s'exprime quand on est excédé ou en manque de quelque chose. On fait des petits reproches par-ci par-là. On écrit des petits mots. Si cela n'a aucun effet et ne déclenche aucune explication, on va crescendo et on tente de mettre des mots sur ce qui ne va pas. Mais que faire si l'autre ne se sent pas impliqué ? Que faire s'il nous dit qu'on délire, qu'il ne comprend rien et ne change rien ? Pas grand-chose. « On ne fait pas boire un âne qui n'a pas soif. »

C'est souvent ce qui arrive aux gens qui ont essayé à plusieurs reprises de sauver une relation. Si leurs propos n'ont pas été pris en compte, si rien n'a changé, ils peuvent choisir de partir « sans explication » apparente. On pourrait plutôt dire qu'ils partent parce qu'ils ont (déjà) tout dit.

Certes, ce n'est pas très élégant, mais au moins le message est clair et compréhensible, surtout pour ceux qui n'ont pas voulu comprendre...

▸ Et si la foudre est passée par là

Même si on est dans une relation d'amour, on n'est pas à l'abri d'une rencontre. La foudre ne tombe pas que sur les célibataires. Que faut-il faire dans ce cas ? Nul ne peut le dire.

Il est difficile d'aller voir son(sa) partenaire et de lui dire : j'ai rencontré quelqu'un et je ne sais pas ce que je dois faire. C'est à soi de décider, d'agir en fonction de ses désirs, et de quitter l'un pour l'autre. C'est une décision tellement importante et impossible à avouer que certains choisissent la fuite sans explication plutôt que l'aveu... Que ferait-on à leur place ?

54

Je n'arriverai jamais à l'oublier

Même si ça paraît idiot, un chagrin d'amour, ça passe avec le temps... C'est un deuil à faire, comme quand on perd un être cher. Comment oublier ? Que faire ? Rien car justement, on n'a pas besoin d'oublier, ce n'est pas une obligation. On oublie juste avec le temps et les nouvelles expériences, mais on ne renie pas son passé. On a aimé un garçon ou une fille, on a vécu des choses riches et intenses ensemble et ça, il faut le garder dans sa mémoire. L'histoire fait désormais partie de soi.

▸ Si c'est le premier chagrin d'amour

Comme toutes les épreuves qui jalonnent notre existence, le premier chagrin d'amour est essentiel parce que fondateur. C'est une sorte de rite initiatique que chacun traverse, souvent à l'adolescence, quand on a passé le cap de la première vraie rencontre amoureuse. On dit que le premier chagrin d'amour est le plus dur à supporter... Peut-être. Quand on est ado, on est tellement absorbé par son malheur qu'on a l'impression d'avoir tout perdu et qu'on n'arrivera jamais à s'en remettre. On n'a plus envie de rien.

Seuls les adultes savent qu'on se remet de tout et qu'il y aura d'autres rencontres amoureuses. Mais quand on est plein de chagrin, on se fiche pas mal de ce qu'ils disent. Chacun fait son deuil à son propre rythme.

Le premier chagrin d'amour a à voir avec la petite enfance, avec la manière dont on a vécu et intégré les pertes. Du temps où on était bébé. C'est avec sa maman qu'on vit son premier déchirement, quand, dans les premiers mois, il faut renoncer à la fusion, à la compréhension immédiate, pour passer à autre chose, à d'autres intérêts, pour que, plus tard, en renonçant à l'amour œdipien, on s'ouvre aux nouvelles rencontres.

Le premier amour est toujours marqué d'une grande dose d'idéal. On le veut pour la vie. Or ce n'est pas possible. Et quand il y a rupture, c'est le gros drame.

Filles, garçons : pas égaux devant le chagrin

Les filles pleurent quand elles ont du chagrin, mais c'est d'abord leur corps qui parle : elles ont mal au ventre, à la tête... Elles parlent aussi à leurs copines, écrivent leur peine sur des blogs ou dans leur journal intime.

Les garçons élèvent souvent un grand mur de pierre autour d'eux quand ils vivent une grosse déception. Ils réagissent aussi par des actes, ils sont agressifs, voire violents, se tournent rapidement vers d'autres filles qu'ils n'aiment pas particulièrement. C'est leur façon à eux de cacher leur sensibilité et de ne plus s'engager. Pour le moment, du moins.

‣ Si ça ne passe pas...

Normalement, un chagrin d'amour ne dure pas longtemps. Entre un et deux mois. D'abord, on n'y croit pas, puis on déprime. Cela permet de faire le deuil de la relation. Ensuite, on revient à la vraie vie et on ouvre l'œil : un nouvel amour est possible.

Si ça ne passe pas, on peut se demander ce que l'on n'arrive pas à oublier. Est-ce la façon dont il (elle) nous embrassait ? sa tendresse enveloppante ? ses mots ? Certainement... Mais c'est fini maintenant. Il y a eu un changement. Ce qui était ne reviendra plus. Il n'y a que le souvenir qui reste, à l'état de blessure pour le moment. La cicatrisation se fera plus tard.

La peur de rester seul(e)

Quand une histoire d'amour est terminée, c'est la perte qu'on ne supporte pas. L'autre est irremplaçable ! Et il l'est, puisqu'on ne remplace pas quelqu'un par quelqu'un d'autre. On tombe de nouveau amoureux.

Parfois, la douleur est tellement grande qu'on a l'impression qu'elle ne s'arrêtera pas et qu'on restera comme ça toute sa vie. Pire, qu'on finira seul(e) ! C'est surtout les filles qui se disent cela. Pourtant, le temps fait son travail et, dans ces situations douloureuses, c'est notre meilleur allié.

Lorsqu'on tombe et que l'on se fait très mal, on se retrouve avec un énorme bleu ! Puis la douleur s'estompe, le bleu change de couleur, il disparaît peu à peu... et il n'y a soudain plus de traces. On se souvient de la douleur, mais elle n'est plus sensible.

On apprend des expériences négatives, on apprend des coups, on apprend des désillusions... Elles nous façonnent. Croire que la vie s'arrête parce qu'on a été déçu est parfaitement illusoire. Qui peut dire à 15 ou 17 ans qu'il va finir seul ? Qui peut croire que la vie ne mettra jamais l'amour sur son chemin ?

Si c'est trop dur, on cherche de l'aide. On téléphone à des amis, on leur demande de nous écouter, de nous consoler, de nous faire sortir. Grâce à leur soutien, on revient petit à petit à la vraie vie, on regarde à nouveau autour de soi, on s'intéresse à de nouvelles rencontres, une nouvelle relation peut se dessiner...

Mais si la douleur s'incruste, mieux vaut confier notre peine à un adulte. Aux parents, si c'est possible, mais c'est souvent difficile de les faire entrer dans notre intimité. En revanche, on peut leur dire qu'on a de la peine, une peine d'amour... Pour trouver de l'aider et une écoute qui fait du bien, on peut appeler un numéro vert pour parler, Fil Santé Jeunes par exemple (0 800 235 236). On apprend ainsi à mettre des mots sur son chagrin, à assumer sa part de responsabilité.

55

Comment lui pardonner sa trahison ?

Il est clair que dans toutes les trahisons l'épine peut rester souvent bien enfoncée et faire mal. L'estime de soi est tellement blessée qu'elle saigne à l'intérieur. La confiance en soi est entamée, on pleure, on crie, on est triste. On rêve de vengeance, on accuse l'autre, on refuse de comprendre et même de pardonner. Passer à autre chose nous semble impossible. Pourtant...

▸ Ce que pardonner veut dire

Même si une déception ou une trahison sont toujours difficilement pardonnables, il est possible, et même souhaitable de rompre ce lien d'amertume et de déception qui nous relie à l'être désormais perdu. Savoir pardonner, c'est tourner une page douloureuse sans amertume et savoir accepter l'erreur de l'autre, avec ses imperfections et ses défauts. C'est la preuve d'une grande tolérance.

▸ Comment s'y prendre ?

C'est difficile à dire. Il n'y a pas un seul moyen de pardonner. C'est à soi de le trouver, en fonction de ce que l'on est capable de faire.

Il faut d'abord se laisser du temps. Dire son incompréhension, laisser couler ses larmes, exprimer son ressenti et sa colère. Ça prend du temps, mais ces sentiments finissent toujours par se calmer et la vie par reprendre son cours.

Ensuite, il s'agit d'accepter la situation, puis vient le moment de prendre un certain recul. On relativise et on souffle un peu.

L'erreur, c'est de se positionner en victime ! Quand on se dit victime, on n'avance pas. Noyé par un sentiment d'injustice, on reste coincé dans un état qui nous empêche de suivre le cours de la vie qui reprend.

Mes amitiés

IX

Comprendre ses affinités

L'amitié est primordiale à l'adolescence. Elle prend une place prépondérante parce que l'on se détache de ses parents et que le social – les amis, les copains, les professeurs, les éducateurs – devient le terrain idéal où l'on peut se mettre à l'épreuve et montrer qui on est. On est taraudé de questions qu'on ne veut pas forcément poser à ses parents : Qui suis-je ? Que vais-je devenir ? Vais-je être à la hauteur de ce que l'on attend de moi ? Comment m'affirmer ? Comment parvenir à être ce « moi » qui est en train de se construire?

C'est aux amis, aux copains qu'on pose d'abord toutes ces questions, c'est avec eux qu'on essaie d'y répondre et c'est grâce à eux qu'on avance.

Pour saisir la soif d'amitié que l'on ressent à cette période-là, il est nécessaire de prendre en compte l'image intime que l'on a de soi en soi. L'image de son propre corps, tel qu'on le perçoit soi-même, mais aussi tel qu'il nous apparaît par ricochets : à travers la réflexion d'une copine, le regard d'un ami, une situation à l'école... Au-delà du corps, la conscience de sa propre valeur joue également un rôle important. Comment s'aime-t-on ? Et les autres, comment nous aiment-ils ? Quelle place nous réservent-ils ? Le plus difficile est de faire la part des choses entre notre propre ressenti, l'image que nous renvoient les autres, le regard que l'on porte sur eux et la place qu'on occupe parmi eux.

Si l'amour se construit, l'amitié se trame ! Il y a différents types d'amitiés comme il y a différents types de tissus. La texture change en fonction des liens qui nous unissent, de ce que l'on vit, de ce que l'on a vécu ensemble.

56

Notre amitié, c'est pour la vie !

Pour la vie entière ? Personne ne peut le dire... Même si c'est rassurant de penser que cela ne s'arrêtera jamais, on n'en sait rien à l'avance. La vie est longue et pleine d'imprévus, personne ne peut prévoir ce qui va arriver. C'est la force des sentiments et le nombre des années qui pourront nous faire dire un jour qu'une amitié dure depuis toujours... Parlons plutôt des moments de vie qu'on passe ensemble, de l'agréable sensation de partage.

▸ Quelqu'un qui nous écoute et nous comprend

La magie de l'amitié, c'est que l'autre nous écoute et qu'il nous comprend. Parfois même, on n'a pas besoin de parler, tellement la proximité affective est grande... Un peu comme quand on était petit et que notre maman nous montrait d'un geste qu'elle était là et nous consolait d'un mot. C'est formidable, ce sentiment d'être soutenu, épaulé, justement dans une période où les choses bougent à toute vitesse et où on perd souvent pied. À tel point que ce que nous dit notre famille ne nous console plus autant que ce que nos amis nous disent maintenant. C'est ainsi qu'on se détache de ses parents pour gagner peu à peu son autonomie. Les amis nous aident à grandir en sécurité et à prendre notre envol.

▸ Pourquoi on a peur des séparations

Quand on est (très) proche de quelqu'un, on n'envisage pas d'être séparé un jour de lui... Même si on sait que la vie réunit et désunit les gens au gré des événements, on croit toujours que cela n'arrive qu'aux autres.

On a peur de l'éloignement affectif de l'autre, parce qu'on imagine qu'un jour, on n'aura plus accès à ce que nous avons déposé de nous dans cette relation. C'est impensable. Un peu comme si on lui avait cédé une partie de notre cœur, de notre vie. Ce qui est angoissant aussi, c'est l'appréhension de l'absence, du vide... Si cette amitié-là se rompt, y en aura-t-il une autre ? Si non, on sera seul. Si oui, elle ne pourra pas être identique.

D'où la nécessité de dire « pour la vie » ou même « pour toujours ». Cela nous empêche d'anticiper la perte du lien en cas d'éloignement ou de rupture. Utiliser des mots qui parlent d'éternité et des formules magiques revient un peu à vouloir conjurer le sort.

Ma mère me dit que les amitiés de jeunesse ne durent pas

Un adulte sait toujours tout, c'est très agaçant ! Les « De mon temps, moi aussi j'ai eu de très bons amis » ou encore « ce n'est pas une vraie amie, je le sens bien »... ne peuvent qu'énerver et casser les ailes ! Si la vie est une succession de pertes et de nouvelles découvertes, on ne veut pas le savoir. Même si, quelque part, on l'imagine, on a encore trop besoin d'y croire, d'espérer qu'avec nous, cela sera différent ! Que nos amis à nous, ils ne nous quitteront jamais parce que notre amitié est indestructible !

▸ Rompre ne veut pas dire forcément souffrir

Il y a toujours des relations qu'on laisse en chemin... Inutile d'y penser à l'avance, car on ne sait jamais ce qui peut arriver. Inutile aussi d'anticiper les ruptures, car elles ne font pas toutes souffrir. Et les nouvelles relations nouées sont parfois bien plus riches et plus durables que les précédentes.

Comme dans les histoires d'amour, on peut rompre une relation amicale forte parce qu'on n'a plus rien à se dire. Même si on se connaît depuis la première année de maternelle. Les histoires d'amitié, comme les histoires d'amour, ne se terminent pas toujours par une tromperie ou une trahison... On peut avoir épuisé l'échange comme on termine une tablette de chocolat. C'était bien, c'était bon, mais maintenant on passe à autre chose. On n'est pas fâchés, mais nos intérêts se portent désormais ailleurs. Et ça ne fait même pas mal. Si petit pincement au cœur il y a, c'est à cause de la nostalgie de l'amitié passée. Cela prouve que c'était une belle relation et qu'elle occupera une place privilégiée dans nos souvenirs. Mais maintenant, ce que l'on cherche est ailleurs, auprès de nouvelles personnes, avec qui on aura d'autres affinités.

57

On est ami(e)s parce qu'on se connaît depuis très longtemps

On peut se sentir proche de quelqu'un parce que cela fait longtemps qu'on le connaît. On est dépositaire de son histoire telle qu'il nous l'a transmise et telle qu'on l'a vécue avec lui, au fil des années. C'est la même chose pour lui. On s'attendrit ensemble sur nos souvenirs, on rigole parfois avec une pointe de gêne, voire de honte, quand on évoque des choses plus ou moins glorieuses que l'on a partagées : même maîtresse de maternelle, même quartier, même cours de danse ou de judo, même petite amie, même bêtises, mêmes fous rires... On se souvient ensemble de gens que l'on ne voit plus ou qui ont disparu, on évoque des endroits que l'on ne fréquente plus. Ce sont les souvenirs communs qui ont créé les liens, qui ont tissé l'amitié dans un temps où les parents étaient davantage présents, le temps de l'enfance.

▸ Une vraie amitié ou une simple habitude ?

Dans ce genre de relations, il est parfois difficile de distinguer l'amitié de l'habitude. Se voit-on parce qu'on se connaît depuis toujours ou parce qu'on a vraiment envie de se voir ? Si le temps a cimenté la relation à coups de souvenirs, les échanges actuels perdent souvent en intensité et c'est bien normal. Mais ce n'est pas forcément désagréable. On peut avoir du plaisir à voir un(e) ami(e) de longue date de temps en temps, un peu comme on retrouve un frère ou une sœur, quelqu'un qui a été témoin de notre histoire et nous de la sienne. Quelqu'un qu'on aime bien depuis longtemps, à qui on donne de temps en temps des signes de vie pour parler d'hier et d'aujourd'hui.

On se connaît depuis des années, mais on n'est pas amis

Ce n'est pas parce qu'on se croise depuis des lustres qu'on est amis. La vie nous a placés l'un à côté de l'autre sans raison apparente. Ce n'est pas grave. On ne peut pas être ami avec tout le monde. Et qui sait, peut-être qu'un jour on se rencontrera vraiment...

À la carte

L'amitié ne se conjugue pas forcément au présent : et on peut très bien rester en lien, comme unis par un petit fil amical, même si les échanges ont perdu en intensité. Le peu que l'on se voit suffit à entretenir les sentiments amicaux.

L'ami(e) d'enfance fait partie du familier, sans pour autant être de la famille. Il s'inscrit dans le paysage affectif général et nous conforte dans l'idée qu'on n'est pas seuls, même si parfois on doute. C'est une forme d'amitié et, parfois, ça dure toute une vie.

Il arrive qu'on n'ait vraiment plus rien à se dire... On se voit par habitude, parce qu'on croit faire plaisir à l'autre. Mais, de supposition en supposition, on ressort vide de ces échanges. Alors, pourquoi continuer à donner des nouvelles ?

Que faut-il attendre d'un(e) ami(e) d'enfance ?

Ce qu'on apprécie généralement chez un(e) ami(e) d'enfance, c'est qu'il (elle) nous rappelle l'enfant qu'on a été, ces années d'insouciance dont on aime parfois se souvenir. Ensemble, on peut se replonger dans notre passé, en rire, en pleurer, en parler. Les liens sont forts parce qu'on a la sensation de se connaître par cœur et, même si on enregistre des changements chez chacun, on a plaisir à reconnaître ce qui n'a pas changé. On se fait confiance parce que notre vécu est si ancien. On parle comme si on feuilletait un album de photos. Le temps ne semble pas avoir de prise sur ce type de relation. Pourtant, on a grandi et parfois évolué de façon radicalement différente. Pire, on n'a pas grand-chose à se dire sur le présent. Alors, qu'est-ce qu'on fait ensemble ? On prolonge son enfance, encore un peu. On se ressource dans un passé révolu pour mieux affronter le présent. On se repose et ça fait du bien.

58

Je suis jaloux(se) des ami(e)s de mon ami(e)

On peut être jaloux(se) de l'amitié que son ami(e) porte à ses propres amis. Proche de la jalousie amoureuse, ce sentiment n'a pas forcément l'amour pour origine. Mais alors, d'où vient-il ?

▸ Touche pas à mon ami(e)

Quand on est très ami(e) avec quelqu'un, on peut avoir l'impression que ses autres amis n'ont rien à voir avec notre relation. Qu'entre nous, c'est différent. On peut aussi le souhaiter, désirer être le (la) seul(e) avec qui un tel échange soit possible. Imaginer qu'avec lui (elle), c'est plus fort, plus profond qu'avec les autres.

Quand on s'aperçoit que cet(te) ami(e) a aussi de vrais sentiments d'amitié pour d'autres, on peut ressentir de l'amertume, voire de la déception. Pire : avoir la désagréable impression de se faire piquer son ami(e) comme on peut se faire piquer son amoureux ou son amoureuse. Résultat : on est capable de se disputer, de faire des scènes, comme si on était un couple d'amoureux.

Si le malaise persiste, il n'est pas interdit d'en parler. C'est même recommandé. Même si on a peur d'être mal compris. La parole libère et révèle parfois des différends ou des conflits qu'il est temps de régler. On dit ce qu'on pense, au plus près de ses sentiments, de son ressenti. Bien sûr, ce n'est pas facile d'avouer sa jalousie. Si c'est trop difficile, on peut choisir d'écrire tout cela dans une lettre, un mail ou lors d'un « chat »... De toute façon, il faut que cela sorte si on veut que l'amitié reprenne son cours sans gêne ni retenue.

Comment naît l'amitié ?

L'amitié part d'une rencontre. On se trouve sympathiques, on a les mêmes idées, les mêmes affinités, quelque chose colle entre nous... Mais parfois, c'est l'inverse. L'autre paraît tellement énigmatique et inaccessible parce que tellement à l'opposé de nous qu'on a envie de s'approcher de lui pour mieux le connaître, pour savoir qui se cache derrière cette apparence mystérieuse...

Dans une amitié, on peut donc se ressembler, mais parfois on est amis justement parce qu'on est très différents : aucune similitude physique, des histoires incomparables, des familles aux antipodes l'une de l'autre... En fait, ce qu'il y a de commun n'est pas encore visible. On a le sentiment qu'on l'aime pour lui(elle), pas parce qu'il (elle) colle à un détail de notre vie, alors qu'en fait quelque chose nous relie, mais on ne sait pas encore quoi. À nous de le découvrir petit à petit...

On peut avoir des amis plus âgés que nous, c'est enrichissant.

Il y a aussi des gens avec lesquels on s'entend bien tout de suite et puis ça passe... D'autres, au contraire, qui ont besoin de temps pour construire une amitié.

Chaque amitié naît de façon différente, mais la terre sur laquelle elle pousse est toujours faite à base de confiance !

▸ Un sentiment d'exclusivité qui peut prêter à confusion

Quand on a des sentiments très forts pour quelqu'un, c'est le partage qui est douloureux. Ce que l'on vit dans une relation amicale est parfois si intense qu'on a envie d'être seuls au monde. On s'imagine que cette *communion* n'est possible qu'entre nous, pas avec les autres, même s'il y a de l'amitié. Notre connivence n'est pas la même. Elle est plus intense, plus vraie, de bien meilleure qualité. Et si c'était de l'amour... ?

Quand on devient ami(e) avec l'ami(e) de son ami(e)

Il arrive que la situation soit inversée ! C'est nous qui devenons l'ami(e) de l'ami(e) de son ami(e). Bizarrement, dans ce sens-là, c'est tout de suite moins grave. C'est bien la preuve que les amitiés sont cumulables et qu'il ne faut pas en faire tout un fromage si son (sa) propre ami(e) a d'autres ami(e)s !

À moins d'agir volontairement pour vexer ou même blesser son ami(e), ce qui se joue dans ces affinités nouvelles n'a rien à voir avec de la rivalité : on a tout simplement des points d'accroche avec une nouvelle personne, on s'entend bien avec elle et cela n'a rien à voir avec la façon dont on s'est rencontrés. Ces nouvelles amitiés sont des « plus » qui ne devraient pas représenter des « moins » pour celui qui était là en premier.

La frontière entre l'amour et l'amitié n'est pas toujours très simple à définir, et c'est encore plus vrai en pleine adolescence. L'amitié intense peut se transformer en amour (voir p. 261). Ce n'est pas rare. Et parfois, c'est justement un besoin d'exclusivité teinté de jalousie qui le révèle. Que faire ? Dans un premier temps, il s'agit d'accueillir ce sentiment, d'en prendre conscience, de réfléchir à ce qui se passe dans son cœur. Ensuite, on peut choisir d'en parler... ou pas.

59

Je n'ose pas lui dire qu'il (elle) a changé

Il arrive que certains ados changent du tout au tout, du jour au lendemain. Une semaine, ils sont liés à un(e) ami(e) et/ou ils font partie d'un groupe, et la semaine suivante, ils s'attachent à d'autres amis et ne sont plus les mêmes. Sans aucune transition. Parfois, leur look change aussi. Ils sont méconnaissables. Ils rejettent d'un bloc leurs anciens copains et les critiquent parfois violemment. Alors, que faire quand on a un ami qui se comporte comme une girouette ?

▸ Lui en parler ou pas ?

On peut ne pas oser parler à cet(te) ami(e) qui a tant changé de peur de couper le lien ! On l'observe, mais on ne dit rien parce qu'on craint qu'il (elle) ne se fâche au lieu de nous écouter. Ce n'est peut-être pas le moment de lui parler de ça. Il (elle) n'est peut-être pas encore prêt(e), parce que bien trop à vif, trop dans la volonté de se démarquer pour mieux se faire remarquer. Inutile donc de brûler une relation amicale lorsqu'on sent que cela peut flamber très vite. Attendre le moment opportun est provisoirement la seule solution.

▸ La métamorphose, une attitude fréquente

Il n'est pas rare que les adolescents changent brusquement de style et d'amis. C'est même plus fréquent qu'on l'imagine. L'ado qui rejette subitement ses amis fait comme s'il avait mis une image de lui à l'extérieur de lui, sur eux et, en les rejetant, il rejette sa « vieille peau ». C'est une manière de se détacher de celui qu'il était encore tout récemment. Il a besoin de traiter les autres de bouffons pour mieux repartir sur la nouvelle identité qu'il se donne. Identité qui va souvent de pair avec un nouveau style vestimentaire. Modifier sa manière de s'habiller et rejoindre un nouveau groupe au style particulier est un signe pour celui qui le fait et pour ceux qui l'observent. Il est un autre ! Il n'y a rien de futile à cela, c'est plutôt l'expression d'une volonté de reconnaissance, le désir de prendre enfin sa place dans le monde. Même s'il sait que cette place changera encore et encore.

On peut apparenter cette attitude à la mue du serpent : on change de peau en fonction du miroir des autres, de ce qu'on voit chez eux.

60

Il (elle) veut tout faire comme moi

Parfois, on a des amis qui se cramponnent. Ils sont lourds, pesants, envahissants. Ils imaginent qu'ils peuvent tout exiger de nous et ne rien donner, ou presque. Sauf si on le leur demande, et encore, on sait presque d'avance qu'ils resteront sourds à nos appels. Comme si nous avions ce qui leur manquait en permanence.

▸ D'abord, réfléchir

C'est assez déstabilisant, à force, d'avoir un(e) « fan » ! Si certains se sentent flattés, cela ne dure pas longtemps. Rapidement, on s'agace d'avoir quelqu'un en face de nous qui cherche à nous copier. C'est comme si nous avions quelque chose de plus qu'il faudrait prendre comme modèle pour être bien et heureux. Cette supposée supériorité qui nous est attribuée fausse bien entendu la relation, l'échange. En effet, qu'attendre de quelqu'un qui nous vénère ? Une critique ? Non. Un avis sincère ? Non plus. Une vraie amitié ? Encore moins.

Fondée sur la communication et la confiance, l'amitié ne peut perdurer dans un tel déséquilibre. Car elle se nourrit justement de la différence entre les êtres et de l'échange.

En parler, vite

S'il s'agit de quelqu'un à qui l'on tient, si on le connaît depuis très longtemps et que l'on a partagé beaucoup de choses ensemble, ça vaut la peine de le lui faire remarquer et d'en parler avec lui. Même s'il le prend mal et qu'il y a rupture, c'est de toute façon ce qui se serait passé si on ne lui avait rien dit. En agissant ainsi, on donne une chance à la relation au lieu de fuir sans demander son reste.

En fait, c'est quoi le problème ?

C'est un boulet, mais je l'aime quand même

L'amie boulet, c'est celle qui nous attend des heures quand on essaie des jeans dans un magasin. Celle qui tient la porte des toilettes. Celle qui ne répond pas quand on l'engueule. Celle qui accourt quand on a besoin d'elle...

Si elle ne nous avait pas, elle serait certainement seule. Sans elle, on serait peut-être moins formidable !

Comme elle n'est pas sûre d'elle, souvent mal fagotée, on a l'air d'une star à côté d'elle, et cela a certains avantages. Certes, elle ne brille pas en société, elle est plutôt timide et fait fuir les garçons, mais elle est bien pratique, elle flatte notre ego. On a l'air tellement mieux à côté d'elle, tellement plus intelligente, plus rigolote, plus séduisante... Du moment qu'on ne se moque pas d'elle, ça va. Mais quand même, ce n'est pas bien beau de se faire mousser à ses dépens[1].

1. Il n'y a pas que des boulets filles ! Les garçons peuvent avoir aussi le même profil !

À 13 ou 14 ans, on se cherche encore. On ne sait pas toujours très bien qui on est et qui on va devenir. C'est pourquoi certains ados ont tendance à choisir des « amis-miroirs », des ami(e)s à qui ils veulent ressembler à tout prix. C'est agaçant pour celui qui est copié, mais au fond, ce n'est pas très grave. C'est juste une petite béquille dont certains ont besoin pour s'aider à devenir eux-mêmes. Ces *troubles* ne durent jamais très longtemps, car on évolue vite à l'adolescence et on finit par se trouver, enfin. Résultat : plus besoin de miroir pour avancer dans sa vie.

61

Je n'ai pas confiance en elle (lui)

La confiance, c'est la base de l'amitié ! C'est parce qu'on a confiance qu'on s'ouvre à l'autre, qu'on lui raconte ses secrets, ses espoirs et ses rêves, sans crainte d'être trahi ou blessé. C'est parce qu'on fait confiance et qu'on nous fait confiance qu'on peut affronter les nouveautés et diverses surprises de la puberté et de l'adolescence : nouveau corps, nouvelle tête, nouvelle vision des êtres et des choses de la vie. Tout un programme !

▸ Le carburant de l'amitié

La confiance est un sentiment qui donne l'idée de la permanence de l'autre, une réciprocité tellement rassurante et constructive. Elle est faite de respect, d'honnêteté et de vérité. Je lui fais confiance, il me fait confiance, nous pouvons nous appuyer l'un sur l'autre. C'est apaisant. Alors qu'avec un ennemi, on se méfie tout le temps. On est sur le qui-vive.

Avant de pouvoir faire confiance aux autres, il faut d'abord avoir confiance en soi ! Seulement ce n'est pas inné, ça se travaille...

Petits, on acquiert confiance en nous au contact de l'amour de nos parents, de leur tendresse qu'exprime leur amour pour nous. Parce qu'ils nous écoutent et nous aiment. On se repose sur eux dans tous les domaines de notre vie. Et puis un jour, on étend notre confiance à nos amis et même à nos professeurs.

▸ S'apprivoiser soi-même pour mieux apprivoiser les autres...

La confiance est la base de toute amitié. Mais comment accorder notre confiance aux autres, croire qu'ils nous aiment et veulent notre bien si nous n'avons pas confiance en nous ?

Il faut d'abord commencer par soi, se recentrer sur soi avant d'aller vers les autres. Qu'est-ce qui ne va pas ? Pourquoi doute-t-on de soi, de ses qualités, de ses atouts ? Pourquoi se croit-on incapable d'accomplir telle ou telle chose ? Pourquoi panique-t-on pour un rien ? Parce qu'on est en pleine adolescence, autrement dit en plein chantier. Heureusement qu'avec le temps, palier par palier, on va surmonter ces doutes et prendre de l'assurance. Avec le temps et... avec les autres ! Qui ? Nos amis, notre famille, tous ceux qui nous aiment et qui sont convaincus qu'on est super !

▸ Un marché équitable !

La confiance fait avancer ceux qui la reçoivent comme ceux qui la donnent. Mais pour pouvoir nouer une relation de confiance avec quelqu'un, il faut que cette personne nous respecte, que l'on soit sûr de son honnêteté, de sa discrétion, de sa franchise et aussi de sa bienveillance. Et vice versa. Chacun doit se montrer digne de l'autre. Si ces conditions ne sont pas réunies, il n'y a pas d'amitié possible.

Entretenir la confiance, c'est

- savoir garder un secret (être discret),
- ne pas critiquer les copains dans leur dos (être fiable),
- être là quand on a besoin de nous (être présent),
- rester juste en toutes circonstances (être loyal),
- dire des vérités, même si elles ne sont pas toutes agréables (être sincère).

62

J'ai eu un coup de foudre « amical »

Il y a des amitiés qui ressemblent à de vrais coups de foudre. On se sent tout de suite bien ensemble, on se confie un tas de secrets très rapidement, des détails importants de notre vie, parfois même des choses que l'on n'a jamais dites à personne. Tout fait écho en nous. On ne se quitte plus. À la limite, on pourrait croire qu'on fonctionne par télépathie, tellement on est sur la même longueur d'onde.

▸ L'amitié miroir

Ce genre de rencontre peut secouer l'image que l'on a de soi et faire apparaître ce nouvel espace de sympathie et de complicité comme le seul lieu où l'on puisse s'épanouir désormais. On existe subitement parce que l'autre nous regarde et nous parle. Il se peut même qu'il devienne comme un double, que nous fonctionnions avec lui comme si lui, c'était nous et nous, c'était lui.

À long terme, ce genre d'amitié est difficile à vivre à cause des différences qui finissent forcément par apparaître. Une fois visibles, celles-ci peuvent être vécues comme des agressions, voire des trahisons. Elles peuvent même être la cause de violentes disputes.

Quoi qu'il en soit, l'« amitié calque » est une bonne expérience. Elle nous permet de nous construire avec ceux de notre âge et de prendre une autre place dans la famille.

▸ À la limite

Si cette amitié-là nous permet de consolider notre confiance en nous et de nous faire grandir, attention tout de même à ne pas trop la prolonger... Les relations fusionnelles sont la plupart du temps vouées à l'échec. On risque de s'y perdre parce qu'elles finissent par devenir aliénantes, c'est-à-dire astreignantes. Autrement dit, on dépend d'elles et on s'en trouve fatalement prisonnier à un moment ou à un autre... Le danger de se fondre dans l'autre est grand et, à la longue, négatif. Comme le coup de foudre amoureux, le coup de foudre amical n'est pas forcément durable.

S'il y a trahison, la désillusion qui s'ensuit peut créer une méfiance qui marquera les relations amicales à venir. Penser qu'on a été trahi par quelqu'un qu'on croyait indéfectible, découvrir une hypocrisie, constater son ambivalence à notre égard, ça laisse des traces.

63

Quand j'arrive à le (la) calmer, je vois que je compte pour lui (elle)

L'amitié n'est pas faite que de rires et d'échanges harmonieux, elle se nourrit aussi de coups de blues et de déprime. Parfois même, on a des copains qui craquent. On peut alors leur venir en aide, les apaiser. Et si ça marche, cela fait très plaisir de s'apercevoir que l'on compte pour quelqu'un...

▸ Un feedback sympa

Quand un ami ou une amie va mal, qu'il (elle) fait des crises à propos de rien et que l'on arrive à l'apaiser par nos propos, on peut dire que l'on joue un rôle important auprès de lui (d'elle) et que l'amitié est solide. C'est un peu comme si on faisait parler la *maman apaisante* que l'on a en soi... Une façon de mettre en pratique ce que l'on a reçu, enfant. L'autre semble dire : « Cela me fait du bien quand je parle avec toi. Je suis rassuré(e). » Il nous fait comprendre que l'on sait écouter parce qu'on est attentif à ce qu'il nous dit. On compte pour quelqu'un et quelqu'un compte pour nous. Mais cela ne doit pas l'empêcher d'aller chercher des explications à son comportement et de trouver des solutions.

Parfois, on lui permet de retrouver le sourire dans un moment de blues. Les paroles qui nous viennent sont exactement celles qu'il a besoin d'entendre. Notre désir de lui faire du bien nous permet de trouver les mots justes.

Les autres signes d'amitié

Nous sommes de vrais ami(e)s parce qu'il (elle)...

- *me respecte,*
- *m'écoute,*
- *partage avec moi,*
- *m'accompagne dans mes découvertes,*
- *me dit ce qu'il (elle) pense de moi,*
- *me conseille,*
- *me pardonne mes erreurs,*
- *tolère mes défauts,*
- *ne me juge pas,*
- *est toujours là pour moi.*

64

Comment garder ses amis ?

L'amitié ressemble souvent à l'amour. Ce sont des sentiments forts, idéalement inconditionnels, qui mobilisent le cœur et le corps. Ils n'en demeurent pas moins fragiles et requièrent une attention particulière.

▸ Des qualités indispensables...

Lorsque deux personnes sont amies, une sorte de pacte officieux basé sur le respect, l'écoute, la compréhension, la disponibilité et la discrétion s'instaurent. Être là quand ça ne va pas, écouter les petits soucis de l'autre, dire ce qu'on pense de ce qu'il nous dit, donner des conseils, mais aussi partager les moments forts de sa vie, les mauvais comme les bons, tout cela est indispensable au bon fonctionnement d'une relation amicale. On pense aux anniversaires, on s'intéresse à ce qui se passe dans la vie de l'autre, on connaît ses préoccupations, on demande des nouvelles régulièrement, pas seulement en disant : « Et toi, ça va ? », mais en posant des questions précises et ciblées parce qu'on a fait attention.

▸ ... mais pas une assurance-vie

Il est important de ne pas perdre de vue que l'amitié n'est jamais acquise. Nous ne sommes pas propriétaires des sentiments des autres, c'est pourquoi nous devons nous battre pour mériter leur amitié. Garder ses vieux amis est peut-être plus difficile que de s'en faire des nouveaux. Mais, au final, ce sont ceux-là qui nous connaissent le mieux et qui seront toujours là pour nous... Alors, ça vaut le coup.

65

On ne se voit que pour sortir

C'est important de se lâcher, de s'amuser et de se défouler de temps en temps. Mais ce n'est pas toujours possible parce qu'on est timide ou réservé, et puis souvent, on a beau avoir des amis super, ils ne sont pas toujours prêts à faire la fête. Parfois, on a besoin d'une locomotive pour se donner du courage et se lancer.

▸ Des copains sur mesure

Comme il existe des camarades de tennis ou de foot, il y en a qui sont spécialisés dans les fêtes. Ils ont des tenues adéquates et connaissent les meilleurs endroits pour aller danser. Et justement, ils savent bien danser. Résultat : on veut leurs potes, leur don naturel pour la danse, leurs battements de cils, leur look, tout ce qui peut nous assurer succès et gloire.

Grâce à eux, on ose se pomponner « fête », on apprend à bouger, on met toutes les conditions de son côté pour être au top. C'est une aubaine.

▸ La réalité des relations

Bien sûr, on n'est pas loin de la copine ou du copain utile ! On n'ira pas pleurer sur son épaule au moindre petit chagrin, mais après tout, ce n'est pas ce qu'on attend de lui non plus. On connaît les limites. Mais cela n'empêche pas l'amitié pour autant, même si c'est une amitié de circonstance. On se marre bien, c'est l'essentiel.

66

Peut-on rester ami(e) avec son ex ?

Oui, on peut rester ami(e) avec son ex, quel que soit le type de relation qu'on a eue avec lui(elle). Ce qui compte, c'est l'envie de changer le lien, pas le passé. De nouveaux codes de la relation sont à mettre en place, loin de ceux de la relation amoureuse. Encore faut-il que les deux le veuillent. Ce n'est pas parce que l'un désire que l'autre acceptera ce changement de statut...

Ce qui compte, c'est d'être clair avec soi-même et de ne pas attendre que l'amour renaisse, ni de laisser de faux espoirs...

▸ Du passé faisons table rase

Les ruptures ne sont jamais des parties de plaisir, même si c'est nous qui avons décidé de mettre un terme à la relation. Il faut du temps pour faire son deuil, réapprendre à être sans l'autre et faire de la place pour quelqu'un d'autre.

Souvent, quand on vient de rompre, on n'a plus du tout envie de voir son ancien copain ou son ancienne copine. On doit panser ses blessures et guérir. Selon la relation qu'on a eue, on peut avoir besoin de beaucoup de temps. Et c'est bien de prendre son temps. Le temps sert à guérir, mais pas à oublier, car on oublie difficilement les gens qu'on a aimés.

▸ Une autre personne

On ne décide pas un jour de devenir ami(e) avec son ex... C'est plutôt la vie qui le (la) remet sur notre chemin. Certes, cela fait drôle de se revoir. Les souvenirs remontent, on sourit, on s'attendrit... Mais les choses ont changé et le regard qu'on pose sur lui(elle) aussi. C'est une autre personne qu'on a en face de soi. On n'a plus rien à en attendre, amoureusement parlant.

Parfois on n'a plus rien à se dire, parfois c'est le contraire. La relation reprend sur le mode amical et ça fait du bien.

Mais tout le monde n'a pas envie de ce type de relation et ce n'est pas blâmable. Il ne faut pas se forcer ni forcer l'autre à tout prix.

Retrouvailles : ce qu'il faut éviter

- *Parler de son nouveau copain ou de sa nouvelle copine,*
- *Revenir sur les circonstances de la rupture,*
- *Énumérer tout ce qui a changé chez lui (elle), surtout les côtés négatifs,*
- *En profiter pour régler encore ses comptes : quand c'est fini, c'est fini, non ?*

X

L'amitié au-delà des différences

La différence fait peur à certains. Ado, on aime être comme tout le monde, même si on est en train de forger sa personnalité. On s'habille comme les copains, on écoute la même musique, on boit la même chose. On suit ses copains, même sur les mauvaises routes. Et parfois il y a des surprises, des amitiés inattendues...

67

L'amitié fille-garçon est-elle possible ?

On se pose souvent cette question. La réponse ? Bien sûr que oui... L'amitié entre fille et garçon est très courante, même si ce n'est pas toujours très simple.

▸ Une amitié comme les autres

L'amitié fille-garçon est une amitié comme les autres. Même si les filles sont différentes des garçons, si elles ne s'expriment pas de la même façon, si elles ont des centres d'intérêt différents, cela ne rend pas difficiles les liens d'amitié. Chacun s'adapte assez naturellement à l'autre, comme dans toute relation. Une petite nuance peut-être : entre filles et garçons, on parle peut-être de choses plus essentielles, de sentiments plus vrais. Peut-être.

En fait, on s'interroge à cause des préjugés ! *Entre personnes du même sexe, on se comprend mieux. Entre une fille et un garçon, il y a forcément un moment ambigu où tout peut basculer...* C'est agaçant pour ceux qui vivent une belle histoire d'amitié mixte, parce que c'est faux, évidemment... On ne s'entend pas forcément bien avec les filles quand on est une fille et on n'a pas forcément envie d'une histoire d'amour quand on rencontre un garçon.

▸ L'amour au rendez-vous ?

C'est un fait, une amitié très forte peut glisser vers une amitié amoureuse, mais cela ne signifie pas « sortir avec ». On peut ressentir de la confusion, trouver que l'on a une attitude ambiguë, se sentir toujours limite amoureux(se), penser à l'autre sans le vouloir... et puis ne rien faire du tout ! Parce que les sentiments ne sont pas assez clairs et que ce n'est pas le moment. D'ailleurs, cela ne sera peut-être jamais le moment.

On peut se sentir très proche de quelqu'un parce qu'on lui raconte ses histoires, ses doutes, ses difficultés, ses

Faire la sourde oreille

Même s'il n'existe pas de recette pour qu'une amitié dure longtemps, il faut faire attention à quelques détails quand on est très ami avec une personne du sexe opposé. Et il y a quelques pièges à éviter : il est souhaitable de

- Résister à la pression de l'entourage en ignorant les réflexions lourdes : « Vous feriez un si beau couple ! » Toutes les relations fortes ne sont pas forcément amoureuses, ni même sexuelles.

- Poursuivre sa relation amicale, même si on a un copain ou une copine. Au besoin, on peut mettre les choses au point avec son amoureux ou son amoureuse pour que la jalousie ne devienne pas un obstacle à la relation.

- Se réserver des moments privilégiés à deux pour pouvoir se retrouver, parler de la vie et de l'amour, échanger. Car tout l'avantage d'une relation d'amitié mixte est là : on apprend un tas de choses sur les différences entre les filles et les garçons. C'est même parfois plus facile de parler avec un ami du sexe opposé de choses très intimes... Qu'on se le dise !

gênes. Son écoute et la complicité qui s'est installée peuvent créer la sensation d'un certain état amoureux, une attirance, un rapprochement. Mais cela ne va pas forcément plus loin que ça.

68

Il (elle) est bien plus vieux (vieille) que moi, et pourtant nous sommes ami(e)s

Il ne faut pas toujours se méfier des adultes ou penser qu'ils sont tous vieux jeu ! Parfois, on peut discuter avec eux et avoir beaucoup de plaisir à échanger. Bien sûr, un adulte n'est pas un ami comme les autres, comme ceux de notre âge, mais une certaine connivence, voire de la complicité, c'est tout à fait possible. En un mot, il peut y avoir un courant de sympathie entre nous.

C'est très enrichissant d'avoir des amis ou des copains de tous âges ! On se rend compte qu'on est quelqu'un, qu'il y a une logique, un fil conducteur en nous.

▸ Gare aux dérives

Dans une amitié avec une personne plus âgée, il arrive parfois que l'on soit tellement fasciné par l'autre qu'on ne réagit pas à ce qu'il nous dit ou veut de nous : tout ce qu'il dit ou pense ne peut être que vrai ! Lui, il sait, et nous, par opposition, nous ne savons rien. Comme si nous avions besoin que quelqu'un d'autre soit tout-puissant pour ce qui nous concerne. Comme si nous avions besoin d'y croire. C'est presque magique : on imagine qu'avec ses conseils ou son aide, on arrivera à tout. Mais c'est faux. On est sur la mauvaise voie. Certes, il peut nous ouvrir à la réflexion, mais ne doit pas nous obliger à dire ou à faire quelque chose contre notre gré.

L'amitié, la vraie, n'est pas un rapport de dominant à dominé. C'est un échange basé sur la confiance et le respect de l'autre, quel que soit l'écart des années.

▸ Et si c'était de l'amour ?

À force d'être bien ensemble, à force de se découvrir, on peut glisser doucement vers une amitié amoureuse. Si les sentiments peuvent être sincères de part et d'autre, ce n'est pas une certitude. Et quand bien même, on ose imaginer que l'adulte en question saura se retenir. À 15 ans, il n'est pas souhaitable d'avoir des relations sexuelles avec quelqu'un de beaucoup plus âgé. Pour des raisons juridiques[1] d'abord, mais aussi psychologiques. On a besoin d'être avec des gens du même âge et de faire ses premières expériences avec eux. Les adultes, c'est pour plus tard.

1. Voir « Je craque pour mon prof », p. 56.

69

Ma meilleure amie, c'est ma soeur

Si on a des liens avec ses frères et sœurs, c'est parce qu'on a construit une relation de complicité, surtout dans les jeux, à travers une imagination commune. On a imaginé ensemble, inventé des situations, on s'est donné des rôles… On s'est autant partagé les bonbons que les bêtises, les fous rires que les larmes, on s'est disputé les câlins des parents et les objets…

▸ Le double lien

La relation fraternelle ou sororale (entre sœurs) n'est pas donnée d'avance, parce qu'on n'a pas choisi cette sœur ou ce frère. On la construit ensemble, plus ou moins profondément, avec de bons (tendresse, reconnaissance des différences) et de mauvais sentiments (envie, jalousie, parfois haine).

▸ Parfois, on s'adore…

Il peut y avoir des moments de forte amitié dans une fratrie parce qu'on partage le même quotidien, les mêmes parents, les joies et les difficultés de la même famille… On sait qu'on peut compter tous les jours sur un allié. On partage une intimité, on se donne des conseils parce qu'on appartient au même monde, à la même génération, tandis que les parents sont d'une autre génération. On se fait confiance, on ne cafte pas (sauf s'il y a un problème gravissime : drogue, délinquance...), on se console.

Si l'on est plus proche d'un frère ou d'une sœur, même si on ne peut pas dire qu'elle soit une amie comme les autres, on peut vraiment parler d'amitié, même de liens quasi indestructibles. L'amitié entre frères et sœurs est un sentiment qui se greffe sur un lien qu'on n'a pas choisi puisqu'on ne choisit pas sa famille. Un sentiment bien entendu renforcé par le lien de parenté. On peut même imaginer que cette amitié soit rassurante et réconfortante, car on se dit que le lien ne se brisera jamais.

▸ Parfois, on se déteste

Lorsqu'il y a inimitié avec un frère ou une sœur, on en bave ! On n'arrête pas de se chamailler, de se jeter des méchancetés à la figure, on se reproche beaucoup de choses et c'est l'enfer à la maison. Souvent, il s'agit de jalousie, de préférence qu'on a cru percevoir pour l'un ou pour l'autre chez les parents : « Toi, tu es la préférée de papa ! », « On te passe tout parce que tu es un garçon ! »... Parfois, la confusion des rôles provoque des conflits plus graves : le grand frère se prend pour le chef de famille et use d'autorité sur les autres membres de la fratrie ; la grande sœur joue à la maman de façon autoritaire ou se donne en modèle à tout bout de champ.

Parfois, il s'agit de trahison entre frères et sœurs. C'est très difficile à vivre, ça frôle la tragédie. Cela peut être extrêmement douloureux et faire jaillir toute la haine qui existe derrière l'amour qu'on se porte les uns aux autres. Parce que l'on sait que la férocité de ce frère ou de cette sœur était malintentionnée, sauf s'il (elle) a vu que nous étions en danger (dépendance à l'alcool ou à la drogue, fréquentations dangereuses) et qu'il (elle) en a parlé aux parents ou à un autre adulte. Dans ce cas, il (elle) s'est allégé(e) d'un poids, de la responsabilité de devoir garder un secret de cette nature. N'aurait-on pas agi de la sorte si nous avions été à sa place ?

Tous ces conflits peuvent faire surgir de la haine. Jacques Lacan, un grand psychanalyste français, avait inventé le mot « frérocité » pour désigner les rapports frères-sœurs, mais aussi, bien évidemment, frères-frères ou sœurs-sœurs.

XI

La meilleure amie, le meilleur ami

Il y a les copains, les copines, les camarades, les connaissances... et puis il y a la véritable amie, l'authentique ami. Celui ou celle avec qui l'on partage tout, les secrets, les espoirs, les grandes joies et les moments difficiles...

Dans une relation aussi intense, on sait avec certitude que l'autre est là si on ne va pas bien. On peut l'appeler au secours à n'importe quel moment. Mais cela n'exclut pas les conflits. Parfois, il y a de la rivalité ou bien on interprète un événement comme une trahison. En général, le nuage se dissipe et l'amitié reprend le dessus. Mais pas toujours...

Quoi qu'il en soit, cette amitié si forte est nécessaire, car elle arrive à un moment de notre vie qui est souvent très tumultueux. Elle nous permet de nous sentir accompagnés sur le chemin accidenté que nous suivons. Nous ne sommes pas (plus) seul(e)s. Le mot « proche » n'est plus exclusivement réservé à la famille et la confiance qui nous semblait aller de soi à la maison (lorsqu'elle a existé avec les parents, bien sûr) peut être exportée. C'est souvent à l'adolescence que se nouent des amitiés pour la vie.

70

Je crois que je l'aime

La question de l'identité sexuelle se pose à l'adolescence, et souvent on est dans l'incertitude. Car chacun possède ce que Freud appelait une disposition inconsciente à la bisexualité. Autrement dit, une attirance possible pour les filles comme pour les garçons...

▸ En effet !

Lorsque cela arrive, se sentir coupable ne sert à rien, car il n'y a rien de honteux à penser à une fille quand on est une fille et à un garçon quand on est un garçon. Pourtant, on a l'impression d'avoir des sentiments honteux qui peuvent nous marginaliser. Certains choisissent de se taire et de s'enfermer dans la crainte qu'il s'agisse d'un désir homosexuel, d'autres en parlent.

Si une relation plus intime s'engage, cela ne présage en rien de l'avenir de l'identité sexuelle définitive.

▸ Une relation fusionnelle confuse

Entre deux adolescents, l'amitié peut être si forte, si intense qu'elle ressemble à s'y méprendre à une relation amoureuse passionnelle, voire fusionnelle. On s'engage à la vie, à la mort, et ce ne sont pas juste des mots, on y croit dur comme fer. On est persuadé que rien ni personne ne pourra nous séparer, on a l'impression de ne faire qu'un.

C'est ça, la vraie amitié, pense-t-on. Elle va très loin. On se dit tout, on se donne tout, on échange tout. Il s'agit de sentiments extrêmement puissants qui, justement, puisent leur force de la difficulté à faire avec les différences. À côté de cette puissance des sentiments, toute autre histoire paraît bien pâle.

À cela s'ajoute une sexualité naissante, qui est perturbante. Elle se manifeste par des émotions mal définies qui envahissent la tête et le corps. Alors, on s'interroge : ne serais-je pas homosexuel(le) ? En réalité, on souhaite ressentir du plaisir. Mais avoir envie de quelqu'un du même sexe que le sien fait peur parce que l'on croit cette attirance anormale, en dehors de la norme.

En revanche, on sent qu'il est beaucoup plus facile de comprendre quelqu'un du même sexe. On se sent en terrain connu. Il y a un effet miroir, on se voit dans l'autre et cela nous permet d'apprendre à savoir qui on est. Et puis, l'amitié très forte, ça aide à se sentir moins seul quand il s'agit de lâcher un peu ses parents pour apprivoiser le monde.

Ces amitiés amoureuses exclusives sont souvent un passage que beaucoup empruntent, mais que très peu avouent...

▸ Amour et amitié : où est la frontière ?

Parfois on est si proche de sa meilleure amie ou de son meilleur ami qu'on a l'impression d'en être amoureux(se). La frontière entre l'amour et l'amitié est très ténue. Le fait même de se poser la question peut être en soi troublant. Qu'est-ce qui fait que l'on soit attiré comme ça par l'autre et que l'on fantasme ? Quel est ce conflit intérieur qui apparaît ?

Entre filles, entre garçons, mais aussi entre une fille et un garçon qui s'aiment d'amitié, le doute peut très vite s'installer. Est-ce qu'on ne serait pas fait l'un pour l'autre ? Parfois, la confusion est telle qu'on n'ose même pas se l'avouer... On sait que quelque chose ne tourne plus rond comme avant, mais on ne sait pas quoi.

L'amitié est un sentiment d'amour sans désir érotique agi, c'est-à-dire accompli. Une relation amicale peut être aussi forte qu'une relation amoureuse, aussi fusionnelle, passionnelle même. La seule différence avec l'amour, c'est que le rapport au corps ne se fait pas. Du moins, pas tout de suite.

▸ Du calme !

Le plaisir de penser à l'autre d'une façon moins amicale qu'amoureuse n'est pas si grave en soi. Ce plaisir d'être ensemble que l'on imagine n'est pas forcément identique à ce que l'on aimerait vivre dans la réalité. Y penser ne veut pas dire le faire. Chacun a des fantasmes, mais ne les réalise pas nécessairement.

On se rendait bien compte que notre regard sur l'autre avait changé, mais on le tenait secret, on s'empêchait presque d'y penser. Ce qui fait le plus peur, c'est de se rendre compte que le passage à l'acte est possible. C'est un vrai choc, parce qu'on était dans une relation « chaste » et, d'un coup, on est envahi par ce qui, nous semble-t-il, est interdit !

▸ Et si c'était vrai ?

Quand on tombe amoureux(se) de son (sa) meilleur(e) amie (voir p. 261), c'est à soi de fixer les limites ! C'est avec soi qu'il est nécessaire d'abord de régler la situation. Faut-il lui en parler ? lui écrire ? À chacun de trouver son style, sa manière de faire. À chacun de savoir s'il faut garder cela secret ou pas. Certains vont vouloir absolument en faire l'aveu comme ils le feraient d'une faute, d'autres préféreront garder ce secret au chaud pour ne pas se faire rejeter, ou carrément « jeter » ! On peut avoir tellement peur de perdre son ami(e) que l'on préfère se taire...

Homo ou pas ?

Peu importe. Ce n'est pas parce qu'on est attiré par un(e) ami(e) du même sexe qu'on est forcément homosexuel. Cela fait partie du chemin vers une identité sexuée définitive. Il faut du temps, des relations amoureuses, peut-être même une ou deux expériences homosexuelles, pour savoir ce que l'on préfère. Parfois, on se rapproche de ceux qui nous ressemblent par peur du sexe opposé, de la confrontation à une telle différence. Si l'attirance envers ceux (celles) du même sexe se répète, on peut, en effet, s'interroger sur sa propre orientation sexuelle.

▸ Que risque-t-on ?

Le danger, c'est de se faire du mal à soi d'abord, à l'autre ensuite. Peut-être plus que dans une relation amoureuse entre deux personnes de sexe opposé. L'enjeu est très important, presque trop : on risque de perdre gros. Ce n'est pas une nouvelle connaissance qui pénètre la sphère amoureuse, mais un(e) ami(e) proche. Et on sait qu'il va falloir être très intelligent pour que, si l'amour prend le dessus, l'amitié puisse se conserver quand l'histoire sera terminée.

▸ Trouver la bonne distance

Ce n'est pas forcément parce qu'on aime son (sa) meilleur(e) ami(e) d'amour que c'est réciproque. Si on a osé le dire et que l'autre n'a pas répondu positivement, il est important de prendre soin de la relation à laquelle on tient. De la préserver. Peut-être est-il souhaitable de moins se voir pendant quelque temps, d'éviter tous les sujets qui touchent à l'amour ou bien de les aborder avec franchise... histoire que chacun puisse reprendre ses marques pour que l'amitié perdure.

71

J'aimerais tant lui ressembler

Admirer sa meilleure amie ou son meilleur ami, envier gentiment ses performances et ses qualités et vouloir lui ressembler peut mettre en lumière sa propre difficulté à vivre avec soi-même, à s'aimer. L'autre a quelque chose de « plus », de « mieux », qui nous semble nous manquer à nous pour être heureux. On imagine ainsi qu'en buvant à sa source, qu'en étant proche, en pensant devenir comme lui ou elle, on aura accès au bonheur dont on rêve !

▸ Oui et non

À vrai dire, si ces sentiments sont un moteur, s'ils nous stimulent, s'ils nous poussent à nous surpasser pour franchir des barrières que nous vivons comme des limites, pourquoi pas ? Admirer quelqu'un peut nous permettre de changer le regard que nous portons sur nous-même. Puisque cette personne s'intéresse à nous, cela signifie qu'on n'est peut-être pas aussi nul que ça ! Cette relation peut nous stimuler pour changer de style, entreprendre de nouvelles choses, sortir de nous-même... Prendre un modèle peut donc être formateur. Le danger, c'est de tomber dans l'excès, de devenir son ombre et de se perdre un peu. C'est une question de mesure ! Dès que notre impression d'être nul ou, en tout cas, très en dessous de notre modèle, devient répétitive, voire permanente, il est nécessaire de prendre du recul pour comprendre les motifs d'une telle insatisfaction personnelle. Et peut-être, non seulement de parler à d'autres ami(es), mais éventuellement à un psychologue ou un psychanalyste.

▸ À la place de l'autre

On pense souvent plus à soi qu'aux autres. Si l'on met un ami ou une amie sur un piédestal, cela peut provoquer

En quête d'identité

Où vais-je ? Qui suis-je ? Dans quel état j'erre ? On pourrait faire une banderole avec ces trois questions et les accrocher à la porte de la chambre de chaque adolescent !

Quand on est ado, on sait d'où on vient, mais on ne sait pas encore où on va. Physiquement, ça déménage. Mentalement, aussi. On n'aime plus les mêmes choses et on ne sait pas trop ce que l'on veut. On doute de soi autant que des autres. À trop chercher le nord, on se retrouve à l'ouest ! Tiraillé entre ce que l'on aimerait être et ce que les autres nous renvoient, on est souvent désorienté.

Alors on tâtonne : on prend le contre-pied de ce que l'on a été, on change de look, on imite les autres et on se trouve nul(le)! Normal, on ne peut pas trouver son style du jour au lendemain.

Pourtant, il ne faut pas désespérer. Même si c'est long. Même si c'est inconfortable. On finira bien par apprivoiser ce corps qui a tant changé. La personnalité, l'identité, le caractère vont se mettre en place et continueront à évoluer tout au long de notre vie à travers les rencontres que l'on fera, les relations que l'on nouera, les événements que l'on affrontera et les projets que l'on réalisera.

On se trace son chemin soi-même, avec son passé, son énergie du présent et son espoir d'avenir.

chez lui (elle) un grand agacement et lui donner l'impression qu'on lui « vole » son style ou sa manière d'être. Il ou elle en devient parano ! Cela peut être très destructeur pour une relation : on devient opaque pour cet(te) autre qui ne sait finalement plus à qui il (elle) a à faire. Alors, prudence !

72

Elle est trop possessive

L'amitié compte énormément à l'adolescence parce qu'on commence à se détacher de ses parents et qu'il est important de ne pas être réellement seul, même si on se sent seul. Souvent, quand on a une meilleure amie ou un meilleur ami, c'est à plein temps. On fait tout ensemble, on s'appelle tout le temps, on se dit tout, on a besoin de se voir pour parler de nous.

▸ Quand ça va trop loin

Parfois, trop c'est trop ! L'un ou l'autre se laisse entraîner par la relation et dépasse les bornes. En fonction de son caractère, il (elle) devient possessif(ve), jaloux(se), inquisiteur(trice), menaçant(e), menteur(se)... Il (elle) fait tout ce qui est en son pouvoir pour asseoir encore plus son amitié et la rendre totalement exclusive. Bien évidemment, c'est exactement le contraire de ce qu'il y a à faire. On n'enferme pas ses amis dans des cages pour les garder comme des oiseaux exotiques, on ne les menace pas non plus... La richesse de l'amitié, c'est justement l'échange, la confiance et le respect réciproque. Mais aussi la possibilité de s'ouvrir peu à peu à d'autres amitiés.

▸ De l'air !

Le mieux quand ça dérape, c'est de prendre un peu de recul et, pourquoi pas ?, le large. Les vacances sont toujours propices aux éloignements. On se ressource, on passe du temps avec d'autres amis et, si on y pense, on arrive à voir plus clair dans sa relation. On sait après quelque temps si on a envie de la poursuivre ou pas.

Avant de partir, on peut parler ensemble et évoquer son besoin d'air, ce trop-plein qui fait fuir, formuler des vœux pour l'avenir en espérant que la coupure sera profitable, à l'un(e) comme à l'autre.

On la ressent comme un boulet ?

Soyons honnêtes, l'ami(e) boulet est là pour flatter notre ego. On a l'air tellement mieux à côté ! Tellement plus beau (belle), intelligent(e), sociable, tellement tout ce qu'il (elle) n'est pas, et ça nous fait du bien, ça nous valorise. Et se valoriser aux dépens des autres, c'est moche.

Heureusement, l'ami(e) boulet reste tout de même un(e) ami(e), car au fond, vous n'êtes pas mauvais(e), et vous l'aimez bien, il (elle) n'a pas que des défauts, mais quand même... attention à ne pas tomber dans la méchanceté ! Et puis, c'est absolument interdit de faire souffrir les autres par plaisir.

73

J'ai toujours besoin de lui parler

D'où vient ce besoin de vouloir parler sans cesse à sa meilleure amie ou à son meilleur ami, de vouloir tout le temps être relié, à n'importe quel moment ? N'est-ce pas exaspérant de s'appeler à tout instant ? Apparemment pas... Tous les ados font ça, et il semble que cela ne pose de problème ni aux uns ni aux autres. On s'accueille mutuellement, sans reproche. On s'écoute des heures même si c'est pour répéter les mêmes choses. On passe de longs moments à discuter ou à se taire. On se sent bien ensemble.

▸ Besoin de quoi ?

D'un témoin pour supporter le changement ? Que se cache-t-il derrière cette nécessité ? Le (la) meilleur ami(e) comprend-il (elle) nécessairement mieux les choses que les autres ? Est-il (elle) plus averti(e), plus expérimenté(e) ? Oui, peut-être. Du moins, ce sont les qualités qu'on lui prête.

Malheureusement, on se repose parfois tellement sur lui qu'on n'arrive même plus à discerner les choses sans son aide. On se sent obligé de lui demander son avis sur chaque petite chose, de décortiquer chaque événement avec lui (elle) et on l'écoute.

Déballer ce qu'on est en train de vivre en permanence, heure par heure, ne pas pouvoir s'empêcher de tout raconter, c'est chercher la garantie que nous existons et que ce que nous vivons nous arrive pour de vrai. Comme si l'autre devait en permanence attester de notre vie, accuser réception des événements et expériences qui la composent, être témoin des changements. Même si on enjolive parfois les choses, si on en rajoute, on apprend ainsi que notre parole compte.

Derrière cette attitude, il y a une volonté de transparence et une attente de réciprocité. On veut tout montrer de soi et, à l'inverse, on attend de voir tout chez l'autre. Le but, c'est de se connaître par cœur ! Une utopie ?

Ce que l'on attend d'un(e) confident(e)

On a tendance à être très exigeant avec sa meilleure amie ou son meilleur ami. Sans doute parce qu'on l'a choisi(e), qu'il (elle) est une sorte d'élu(e) de notre cœur, le sexe en moins. On l'espère compréhensif(ve), ne portant jamais de jugement négatif sur notre comportement, sachant nous dire stop lorsqu'on est sur le point de faire une bêtise. On l'espère disponible, à l'écoute, mais aussi drôle et un brin farfelu(e), comme nous. Car en général, un(e) meilleur(e) ami(e) est quelqu'un qui nous ressemble un peu, on le (la) choisit d'ailleurs pour ça. Et, à d'autres moments, on attend justement qu'il (elle) nous surprenne ave sa différence !

Avoir quelqu'un avec qui on peut parler de tout, en qui on se reconnaît, est très important dans la construction d'un individu. Notamment à l'adolescence, c'est pourquoi il n'est pas rare que l'amitié à cet âge soit très fusionnelle.

Le (la) meilleur(e) ami(e) peut le rester pour longtemps, mais il arrive souvent que des orientations différentes (scolaires, professionnelles, déménagement), des histoires de filles (garçons, médisances...) ou tout simplement le fait d'évoluer dans des directions opposées, mettent fin à la relation.

▸ La dose de trop

Bien évidemment, si l'on ment à l'autre pour se mettre en valeur, si on la ramène trop, on risque de perdre sa confiance. Même chose si la réciprocité n'est pas au rendez-vous, l'entente ne sera pas possible à long terme. L'un risque de soûler l'autre, de l'épuiser. À tel point qu'il ne verra que la fuite comme porte de sortie.

L'amitié, c'est vrai, est souvent plutôt exigeante. On a des devoirs à l'égard de son ami(e) : le respect de l'autre, la confiance et la discrétion. Si ces règles ne sont pas respectées, c'est l'échec assuré de la relation. Car il est impossible de prendre éternellement sans rien donner.

Avoir un(e) ami(e), c'est savoir, par exemple, deviner sa tristesse et respecter les moments de silence, où rien ne peut encore se dire, où les sentiments sont indicibles. Avoir un(e) ami(e), c'est aussi le (la) défendre, ne pas mettre sa parole en doute, aimer ses qualités, reconnaître ses défauts et surtout, ne jamais le (la) condamner s'il (si elle) a tort.

Avec les autres amis, c'est différent

Les sentiments qui nous lient à nos amis ne sont pas tous les mêmes. Il y a des cercles d'amis comme il y a des cercles dans une famille proche ou élargie : on a les parents proches d'un côté (le père, la mère, les frères et sœurs, les grands-parents) et de l'autre ceux qui le sont moins (les oncles et les tantes, les cousins...). Avec la famille amicale, c'est la même chose : on a la meilleure amie ou le meilleur ami, les amis, puis les copains, et enfin, les camarades.

74

Je me méfie de lui (d'elle)

On peut se sentir très proche de quelqu'un et se méfier de lui. On n'arrive pas à lui faire complètement confiance, on se doute que quelque chose ne tourne pas rond.

▸ Comment est-ce possible ?

On a entendu parler de lui (d'elle) en mauvais termes. Il (elle) aurait eu un comportement déloyal vis-à-vis d'un copain. On dit qu'il (elle) aurait ses têtes et jugerait trop rapidement les autres. Résultat : on se demande à quelle sauce on va être mangé.

On peut s'apercevoir aussi que cet(te) ami(e) est autoritaire et qu'on finit toujours par faire ce qu'il (elle) veut, que l'on cède et qu'on se fait tyranniser.

Si l'amitié se transforme en un rapport de forces, mieux vaut faire un pas de côté et réfléchir à la manière dont ça nous atteint. Est-ce que cela nous rappelle quelque chose ?

▸ En parler ouvertement

Quand quelque chose cloche dans une amitié, cela vaut la peine d'en parler ensemble, pour essayer de savoir si ces signaux ou ces bruits qui nous viennent d'ailleurs sont vrais. Si le sentiment qu'on éprouve est justifié ou non. Exprimer ce que l'on ressent et entendre l'autre peut vraiment valoir la peine. Il n'y a rien de meilleur que de pouvoir mettre des mots sur des sentiments, de s'expliquer sur un malentendu et d'entendre l'ami(e) nous répondre et nous parler. C'est de ses éclaircissements, de la sincérité avec laquelle il (elle) mettra de la lumière sur ces malentendus que reviendront la paix et la confiance dans la relation amicale.

▸ Si cela ne suffit pas

S'il s'avère que tout ce qu'on nous a dit de lui ou d'elle est vrai, que c'est une personne manipulatrice ou fausse, et que, malgré notre mise au point, cela continue, il ne faut pas hésiter à prendre ses distances et à rompre. Car c'est blessant et destructeur pour soi. Il est très important de se protéger avant tout. Surtout si on a affaire à quelqu'un qui fait du chantage ou qui joue les martyres. Mieux vaut continuer de tracer sa route avec d'autres compagnons plus fiables et plus sincères.

75

Ma meilleure amie fait tout comme moi

Quand une fille ressent le besoin de s'affirmer en s'identifiant à une autre, en la copiant, c'est sans doute parce qu'elle a beaucoup de difficultés à laisser s'épanouir sa véritable personnalité. Comme si elle avait peur de découvrir sa propre originalité. Au lieu de chercher en elle sa voie, elle regarde autour d'elle. Les gens qu'elle aime lui donnent des idées. Elle s'en saisit, les adopte, croyant ainsi créer sa propre personnalité. Mais ce n'est pas la bonne solution. En agissant comme ça, on s'évite soi-même.

▸ C'est toujours mieux ailleurs

À force d'observer les autres, on se trouve parfois très nul. Parce qu'on connaît ses défauts, ses limites, ses faiblesses par cœur et qu'on perd de vue ses qualités et ses atouts. On se compare aux autres, on s'observe, on se critique pour trouver finalement que la copine est bien mieux que nous.

Les autres autour de nous sont-il vraiment meilleurs ou ne montrent-ils que leur meilleur côté ? Les apparences seraient-elles trompeuses ? Qu'est-ce qui nous aveugle ainsi ? On oublie qu'ils sont comme nous. Ils ont leurs défauts, leurs qualités et leurs petites mesquineries. On les imagine parfaits, mais ils ne le sont pas. Alors, que faire pour arrêter de les considérer toujours comme des modèles à suivre ?

▸ Un problème de confiance en soi

Copier les autres en permanence, c'est souvent un signe de manque d'assurance, de confiance en soi. On méprise ses désirs pour mieux adopter ceux des autres. On doute de soi. Du coup, on met un masque pour tenter de donner une meilleure image de soi. On adopte les attitudes et les idées des autres sans réaliser que tout le charme d'une personne réside justement dans sa propre identité, dans son originalité, dans tout ce qui fait qu'elle est unique ! Pas dans la reproduction de modèles à l'infini...

▸ Une quête d'identité

On est souvent tiraillé entre ce que l'on voudrait être et l'image que les autres nous renvoient. Entre ce que l'on était avant et ce que l'on aimerait être maintenant, entre les certitudes de l'enfance et l'impression de ne plus rien savoir ou, au contraire, de tout savoir. Alors on tâtonne, on arrête des activités que l'on aimait avant (la danse, la musique), on change de look, on copie le style des stars dans les magazines ou à la télé, bref, on se cherche. C'est normal à cette période de la vie où les apparences comptent beaucoup. Supporter les changements et ne pas savoir

Jalousie, quand tu nous tiens !

Ce qui déclenche la jalousie en amitié, c'est l'impression d'être moins intéressant(e), moins aimé(e) que son ami(e). Que les choses iraient mieux dans notre vie si on lui ressemblait ou si on avait ce qu'il (elle) a. La jalousie a à voir avec un manque de confiance en soi. En appréciant et jalousant à la fois ses amis, on essaie de combler un vide.

sur quel pied danser n'est pas évident. On ne devient pas adulte du jour au lendemain.

C'est pour cela qu'on a besoin de ses pairs pour se construire, mais pas n'importe qui et pas n'importe comment. Certains peuvent devenir des modèles. Pourquoi pas ? Si cela ne dure pas trop longtemps. On n'y échappe pas : on copie toujours un peu ce qui nous plaît chez les uns et chez les autres. On se fait son petit cocktail et on l'améliore peu à peu avec ses propres ingrédients !

76

J'ai l'impression qu'elle veut diriger ma vie

Il n'est pas rare de rencontrer des gens qui savent tout mieux que tout le monde ! Ils donnent l'impression d'avoir acquis une expérience dont ils distillent les bénéfices à droite et à gauche. Et ils ne se privent pas d'empiéter sur la vie des autres, de se poser en donneurs de leçons !

▸ Gare aux mirages

Un instant, on peut croire qu'ils vont nous faire sauter des étapes, mais il n'en est rien. C'est de la poudre aux yeux ! Méfions-nous donc des : « À ta place, j'arrêterais mes études ! », « Si tu es comme ça avec lui, c'est sûr qu'il va tomber amoureux de toi ! », « Je t'avais dit de ne pas l'appeler. Maintenant, c'est foutu ! »... On ne fait pas sa vie en suivant les conseils des uns et des autres ni en les copiant. On ne peut pas échapper à l'épreuve de la réalité et éviter de vivre *ses* propres expériences, bonnes et mauvaises. En revanche, parler avec des amis peut nous aider à mieux comprendre ce qui se met en place dans notre vie. On peut piquer à droite et à gauche quelques idées, mais au final, on mène sa barque soi-même.

▸ Confidences : si on en dit trop...

Souvent, on se sent tellement bien avec quelqu'un qu'on lui confie ses petites faiblesses, ses chagrins, ses secrets... On se livre parce qu'on est en confiance et c'est légitime. Mais il est important de savoir à qui on s'adresse... Tous les gens ne sont pas bien intentionnés. On oublie qu'en se confiant ainsi, en ouvrant son cœur, on donne des armes considérables à l'autre. On lui donne la possibilité de s'en servir pour nous causer du tort, pire, pour nous trahir... La discrétion est une condition de base de l'amitié.

Un ami qui en sait trop sur nous peut s'arroger le droit de nous conseiller et de vouloir diriger notre vie. À nous de poser des limites, nos propres limites. À nous d'exprimer ce que nous voulons et ce que nous ne voulons pas. Si cet(te) ami(e) répond par un chantage affectif, s'il (si elle) se sent comme dépossédé(e) de nous, il est nécessaire de s'éloigner !

▸ Petit rappel

Une relation amicale se tisse avec les fils de l'un et de l'autre. Comme pour une tresse, il en faut trois : un pour chacun, et un troisième pour la relation. Si l'un ajoute plus de fils que l'autre, la tresse n'est plus équilibrée. Se sentir respecté dans son intimité, dans son libre arbitre, est fondamental pour continuer à se respecter soi-même. D'où la nécessité de savoir dire non quand l'autre va trop loin. On peut dire à un ami proche que l'on n'est pas d'accord avec lui ou que l'on est déçu. Il peut nous en vouloir sur le coup, mais tant pis. Il finira peut-être par comprendre.

Sonnette d'alarme

Un(e) amie (e) n'a pas le droit d'exiger n'importe quoi de nous : un acte dangereux ou illégal, un silence complice sur quelque chose que l'on réprouve (usage de drogue, de cannabis, vol d'objets, délinquance...). À l'inverse, un(e) véritable ami(e) doit pouvoir s'arroger le droit de briser le silence quand il (elle) est dépositaire d'un secret trop grave pour être tu : idée de suicide, anorexie, boulimie, grossesse... et quand il (elle) constate que son ami(e) est en danger ou dans un grand désespoir.

77

Mon meilleur ami, c'est mon journal intime

C'est drôle de se dire cela ! Le journal intime est certainement le témoin privilégié de notre vie, celui à qui on raconte tout, les pires choses comme les meilleures, mais ce n'est pas un ami en chair et en os !

▸ Un moyen de se rencontrer soi-même

Écrire un journal, c'est utiliser un biais pour se parler à soi-même, pour apprendre à mieux se comprendre. L'écriture libère. Écrire un journal, c'est comme s'adresser à une vraie personne. Sauf qu'avec elle, on a carte blanche, on peut tout écrire.

Il y a des gens qui tiennent un journal intime durant toute leur vie, d'autres plutôt à l'adolescence, quand ça bouillonne trop à l'intérieur et que ça déborde. Quand ils ont l'impression que personne ne peut les comprendre. C'est pratique un journal intime : lorsqu'on écrit dedans, on est sûr de n'avoir aucun reproche. Il est toujours là, nuit et jour. Muet et pourtant tellement présent.

Témoin privilégié de nos joies ou de nos tourments internes, il ne doit cependant pas rester le seul confident, le seul « ami ». Surtout quand on est adolescent et que l'exploration du monde sous un nouvel angle pose tant de questions, que l'échange avec les autres est si constructif, il serait dommage de rester cloîtré à écrire pour soi tout le temps.

Cher Journal

Destiné à être gardé secret, le journal intime s'adresse à soi-même, mais en général, on lui donne un nom. Ça peut être tout simplement « cher journal » ou un prénom qu'on aime bien, un surnom. Comme son nom l'indique, le journal intime est... intime. Si on décide de le montrer à quelqu'un, c'est de son propre chef. Sinon, personne n'a à y mettre son nez... même pas les parents ! C'est pour ça qu'il faut bien le cacher ! Celui qui tient un journal intime s'appelle un « diariste ».

Aujourd'hui, on utilise des supports numériques. On parle de wordlog si le journal est destiné à rester intime et de weblog ou blog quand, à l'inverse, les écrits sont diffusés via Internet. http://www.journalintime.com.

▸ Écrire pour se libérer

Quand on est dans le doute, qu'on ne sait pas trop quoi faire ni penser, l'envie d'écrire nous tenaille : un poème, une lettre, un journal... Dans ce cas, c'est à soi qu'on s'adresse ou plutôt à un ami imaginaire, qui est souvent soi. À quoi sert d'écrire ? Cela permet de faire le pont entre soi et ses problèmes, ses doutes, ses interrogations. On peut mettre noir sur blanc ses craintes par rapport à une relation. On peut aussi sortir du doute : il me plaît ou il ne me plaît pas ?

Aussi bizarre que cela puisse paraître, l'écriture peut nous donner en retour des éléments pour mieux nous comprendre. En libérant des mots, on libère des idées et des pensées utiles pour nous.

L'écriture est un intermédiaire, un moyen de s'aider à mieux comprendre les choses. Ce n'est pas quelqu'un d'autre. Si c'est un autre, c'est un autre soi-même. Même si, parfois, en se lisant, on ne se reconnaît pas... On se lit et on se relit, et on apprivoise ainsi ses nouvelles pensées.

Écrire, ce n'est pas seulement écrire un journal. On peut aussi s'exprimer dans des lettres, des poèmes, par mail ou via MSN, ou encore grâce aux *chats* et aux forums. En général, on n'écrit pas n'importe quoi, même si on invente parfois.

Les garçons sont souvent plus réservés par rapport à l'écriture. Ils parlent beaucoup entre eux quand ils sont en confiance. Mais, s'ils sont en grande difficulté, ils peuvent aussi se verrouiller, boucler l'accès aux sentiments. Cela ne veut pas dire qu'ils ne ressentent rien, mais ils se ferment comme des huîtres ! C'est bien de les aider à se sentir en confiance pour qu'ils expriment un peu ce qui leur pèse.

▸ Écrire pour être lu

Certains se servent de leur journal intime pour communiquer avec leur entourage, avec leurs amis. Comment ? En leur faisant lire par-ci, par-là des extraits. Ça peut drôlement faciliter les choses quand on est en conflit avec l'un d'eux et qu'on n'ose pas le lui dire : on jette tout sur

Journaux intimes célèbres

Le saviez-vous ? Le journal intime est un genre littéraire comme le roman ou le théâtre. Parmi tous les journaux intimes publiés, celui d'Anne Frank est le plus célèbre. Considéré comme une œuvre majeure, il témoigne de la vie d'une enfant juive pendant la Seconde Guerre mondiale, contrainte de se cacher dans le grenier d'un immeuble à Amsterdam pour échapper à la déportation. Autre auteur de journal intime célèbre : Anaïs Nin. Elle a commencé à l'âge de onze ans et ne s'est plus arrêtée.

le papier et déjà, ça va mieux. Ensuite, on le fait lire à la personne concernée. C'est positif pour soi et pour l'autre qui reçoit le message. Si les mots manquent, pourquoi ne pas recourir à un dessin ou à un collage ?

XII

La bande

La bande de copains, c'est un merveilleux cocon qui protège de la dureté du monde extérieur. Seul, on serait plus fragile, plus sensible aux critiques des autres, moins en confiance. En groupe, on ose faire des choses qu'on ne ferait jamais tout seul, ni même avec un copain ou en petit comité. Pourquoi ? Tout simplement parce qu'avec les autres, sa propre responsabilité se dilue... et tout semble permis.

78

Ma bande, c'est comme une famille

Pour beaucoup d'ados, une bande de copains, c'est comme une seconde famille. Mais celle-ci au moins, on la choisit ! Avec sa bande, on partage tout, les inquiétudes comme les fous rires. Les questions sur l'amour comme les bons plans pour acheter des vêtements ou des jeux vidéo. C'est avec elle que l'on fait des expériences parfois un peu risquées... C'est avec elle aussi qu'on cancane, qu'on critique, qu'on ragote et qu'on oublie les kilos en trop, les boutons disgracieux, les devoirs trop difficiles et les parents exigeants.

▸ Effet de groupe

Les groupes font peur aux parents et aux adultes en général. C'est compréhensible, car il s'en dégage une force et une énergie qui semblent souvent incontrôlables. L'effet de groupe, c'est un effet de masse. C'est oppressant. Angoissant. Comme si l'expérience de chacun s'effaçait au profit d'une seule autorité. Comme s'il y avait un consensus entre tous les membres du groupe pour suivre les leaders.

Parfois ce qui commence comme un jeu, comme un amusement, devient vite inquiétant. L'excitation monte avec l'euphorie, elle se répand sur les jeunes. Impossible d'arrêter le mouvement en fixant des limites. Le nombre fait loi. Résultat : des actes odieux, illégaux ou barbares, peuvent avoir lieu ! Les adolescents se sentent toujours plus forts quand ils sont entourés. Ils osent davantage, ils se tournent plus facilement vers les autres. Les plus timides en profitent pour se dégourdir, les leaders sont à leur affaire. Tout le monde y trouve son compte. Tant que cela reste bon enfant, rien à dire.

▸ Alerte rouge !

Faire partie d'une bande, c'est bien, mais on n'est pas obligé de se laisser influencer par ceux qui la composent. Autrement dit, nul ne peut nous forcer à nous habiller comme les autres, à écouter la même musique et à adopter les mêmes idées. Quand il y a des événements ou des attitudes qui nous déplaisent, si nous trouvons que certains sont sur une mauvaise pente, il est important de nous donner le droit de réagir. On peut suivre les copains pour beaucoup de choses, mais, à partir du moment où il y a un risque de débordement et de danger, il faut savoir dire stop. Par exemple, quand des règles un peu bizarres se mettent en place. Quand, parce qu'on appartient à telle ou telle bande, on est obligé de faire certaines choses interdites. Quand, parce qu'on n'est pas encore bien rodé, pour être « initié » dans le groupe, on se fait humilier, voire bizuter.

▸ Des règles un peu louches...

Certains groupes fixent des règles très précises, exigent une fidélité totale et stigmatisent tout ce qui se passe à l'extérieur. Ils développent une mini-dictature : leurs leaders exigent un certain look, une manière d'être... Tout ce qui est extérieur au groupe est malveillant, menaçant, ennemi. Stop ! La bande n'a pas à faire régner une loi arbitraire !

Si on se retrouve dans un groupe plutôt malsain et qu'on n'ose pas réagir, il est bon de trouver le courage d'en parler à quelqu'un d'étranger à tout cela. Raconter ce qui se passe, observer la réaction de son interlocuteur peut confirmer ce que nous ressentons : quelque chose ne va pas. Surtout lorsqu'on se rend compte qu'on hésite à en dire plus, que l'on culpabilise et que l'on se sent fautif. Comme si nous étions sous le coup d'une omerta[1] !

▸ Quid de l'amitié ?

Peut-on parler d'amitié entre les membres d'un tel groupe ? Peut-être avec certains, mais pas avec tous. Cela dépend aussi de ce qui nous réunit : sommes-nous tous autour d'un chef ? Est-ce une activité qui nous rassemble ? un idéal ? Sommes-nous tout simplement là parce que nous partageons le même espace géographique ?

1. L'omerta, c'est la loi du silence imposée dans la Mafia.

79

À deux, on s'entend bien, mais à trois, c'est la cata !

Un groupe de trois amis n'est jamais simple à gérer. Parce que l'un peut être plus proche d'un des deux autres et qu'un certain malaise peut s'installer à cause de cela. Cela n'a rien à voir avec l'amitié, c'est plutôt de l'ordre de la gêne...

Lorsqu'on est avec une amie ou un ami, on fonctionne presque comme en couple. À trois, comme on ne peut pas regarder deux personnes en même temps, on regarde l'une ou l'autre... Des questions s'imposent presque toujours à nous : c'est moi qu'elle préfère ? avec qui se sent-il mieux ? On ne peut pas s'empêcher de s'interroger sur sa place auprès de l'autre.

▸ Un doute peut s'installer

Quand on est avec un seul copain ou une seule copine, on est sûr de la place qu'on occupe auprès de lui ou d'elle. C'est un face-à-face. Mais lorsqu'on est avec d'autres gens, on peut se sentir frustré. On a l'impression qu'on n'arrive pas à en placer une et qu'on a le cul entre deux chaises. C'est possible. On ne s'entend pas de la même façon avec tous les copains. Il y en a certains avec qui on parle davantage. Cela n'empêche pas l'amitié. C'est comme ça.

Si cela se reproduit souvent, si l'on se sent frustré, voire déstabilisé, chaque fois qu'on sort avec deux copains, c'est peut-être parce qu'on a soi-même un problème. Recherche-t-on l'exclusivité ? Aimerait-on être au centre ? que tout le monde s'intéresse à nous ?

▸ Remettre les choses à leur place

Vouloir à tout prix l'exclusivité avec ses ami(e)s révèle un problème de confiance en soi et il faut absolument améliorer la situation. Car, même si on nous trouve sympa, on fatigue les autres à tout ramener à nous, à être trop nombrilistes. L'amitié n'est pas un concours, c'est un échange constructif entre des personnes qui s'aiment beaucoup. Vouloir être le (la) meilleur(e), c'est bon pour le sport, la musique ou même l'école, mais pas entre copains.

80

Je ne fais pas partie d'une bande, c'est grave ?

Parfois, on veut tellement faire partie d'une bande qu'on serait capable de se lancer dans n'importe quoi, sans en mesurer le coût... Quel coût ? Justement, tout ce à quoi on doit renoncer pour y accéder. Tout ce qu'il faut accepter aussi comme nouvelles règles. Et cela peut être plus important que prévu et aller à l'encontre de nos principes les plus profonds.

▸ Comment trouver sa place

Vouloir entrer dans une bande pour se sentir moins seul n'est pas une solution. On peut aussi souffrir de solitude au milieu d'un groupe ! Parfois, quelques amis suffisent pour se sentir mieux, un petit groupe avec qui on partage différents intérêts et quelques activités. Et puis, si on est dans un groupe, on n'est pas obligé d'être tout le temps tous ensemble. Ce n'est pas possible de se confier à dix !

Être dans une bande, c'est adopter un autre fonctionnement. Parce que, dans une bande, il y a toujours les soi-disant lois du groupe qui, très souvent, sont fondées sur un tas de préjugés : il faut faire ceci, dire cela... Ce qui importe pour nous, c'est de trouver notre place. Mais pas à n'importe quel prix ! Prendre sa place ne veut pas dire s'en laisser assigner une. Non, surtout pas ! Il s'agit plutôt de se faire une place où l'on puisse être avec les autres sans se trahir soi-même. Sans avoir peur du ridicule parce qu'on est différent.

▸ Première étape

Trouver sa place, c'est l'une des premières difficultés que l'on rencontre à l'adolescence, difficulté à laquelle on sera confronté chaque fois que l'on rencontrera un nouveau groupe, que ça soit en changeant d'école, en débutant une nouvelle activité (sportive, musicale...), un loisir quelconque, en colonie de vacances ou, même, dans un nouveau quartier quand on déménage, ou plus tard lorsque l'on suivra une formation et que l'on travaillera.

Au début, on a toujours un sentiment d'étrangeté, mais à un moment donné, soit quelqu'un nous « accueille », soit c'est le groupe qui nous laisse un espace pour que nous puissions nous intégrer.

▸ Une hiérarchie bien précise

On retrouve quelques constantes dans les bandes. Il y a toujours un chef ou un leader, un porte-parole du chef et un bouc émissaire. Il est très intéressant d'apprendre que dans certaines organisations – un groupe, même éphémère, est aussi une petite organisation sociale, y compris un groupe d'ados –, certaines places sont attribuées à tour de rôle, tandis que d'autres restent fixes. Cela permet aux plus timides, à ceux qui ont le plus de difficultés à s'exprimer, de pouvoir dire enfin ce qu'ils pensent, et aux plus bruyants ou aux plus exaltés, de se calmer et de se montrer sous un autre jour. C'est intéressant pour chacun !

La place que nous avons occupée jusqu'à présent, c'était celle que nous avions au sein de notre famille. Et peu importe la configuration familiale. La famille est, en effet, le premier groupe social que nous avons connu, même si nous avons été à la crèche très tôt ! Mais un groupe, une bande, n'est pas une famille, même si on se considère comme frères et sœurs et qu'on se le dit.

▸ Le responsable, c'est qui ?

Il est très important de savoir qu'il ne faut pas faire n'importe quoi pour se sentir à l'abri. À plusieurs, on se sent plus fort et on a tendance à faire plus de bêtises ou des bêtises plus graves, comme si la responsabilité de chacun se dissolvait dans la masse, qu'il n'y aurait plus de responsable parce que c'était « nous tous ». Si la responsabilité de chacun se dissout, qui est le vrai responsable ? Il y en a toujours un qui commence les bêtises et les autres qui suivent. Il y en a toujours aussi qui s'accrochent à la sensation de puissance collective. Le collectif donne une force qui peut vite se transformer en violence.

Quand il y a eu bêtise ou même délit, un certain devoir de silence s'installe, s'ancre dans le groupe pour ne pas tomber dans la délation et garder à tout prix une certaine cohésion : on est tous ensemble pour « couvrir » celui qui a eu l'idée de la bêtise commise puisqu'on y a tous plus ou moins pris part.

Sans vouloir faire la morale, quand on est membre d'une bande, il est très important de garder ses repères, son idée du bien et du mal et de responsabilité individuelle. On est certes dans un moment de découverte et de rupture avec le passé, mais ce qu'un groupe devient dépend aussi de chacun ! De nouvelles modalités pour être ensemble avec des intérêts communs n'impliquent pas nécessairement un débordement hors la loi et une mise en danger de soi et des autres.

81

Et si on me rejette ?

Mauvaise passe, très mauvaise passe, c'est vrai... Mais, même si on a l'impression que le sol s'effondre sous nos pieds quand cela arrive, même si on est très triste, cela vaut le coup de se demander non pas ce qui s'est passé exactement, mais ce qu'on faisait dans cette bande ?

▸ Trouver les vraies raisons

Avec un(e) ami(e), on privilégie la confidence, avec une bande, on se laisse emporter comme autrefois quand toute la famille partait en vacances. C'était bon d'être tous ensemble et d'être entraîné par le mouvement.

On est bien, on a chaud. On supporte mieux les difficultés, les problèmes avec les parents, les mauvaises notes, les questions sans réponse... La bande nous aide à nous construire pour être mieux avec soi et avec les autres. Avec elle, on apprend à faire le tri, à prendre conscience de ce que l'on veut. Cela correspond à des étapes majeures de notre développement, à des moments où l'on a vraiment le désir de se retrouver dans un cocon.

▸ Savoir partir...

Dans une bande, les copains sont toujours là. Ils nous encouragent, nous font rire, nous motivent, et ainsi nous grandissons... Jusqu'au moment où il faut quitter le nid.

Quand quelqu'un est prêt à voler de ses propres ailes et a besoin de s'éloigner, il se peut que les autres le rejettent, parce que son éloignement est vécu comme une trahison. Mais on peut aussi « s'éjecter » soi-même du groupe, quand on en a plus besoin. On peut partir seul, sans être fâché.

Défense d'entrer

Il existe des bandes très bien organisées qui font quasi passer un examen d'entrée à tout nouveau avant de l'accepter. Elles sont exclusives et abusent souvent de leur pouvoir en proférant des menaces. Parfois même, il y a un bizutage, une sorte de rituel de passage plus ou moins violent, où l'humiliation et la honte font office de droit d'entrée. À soi de voir si l'on a vraiment envie d'entrer dans la spirale… Ça fonctionne comme une secte.

XIII

La solitude

Le « sentiment de solitude » est très répandu à l'adolescence. Les complexes, la timidité, le malaise que l'on éprouve avec les autres, l'impression que personne ne peut nous comprendre nous jettent facilement dans un désert où il ne fait pas bon vivre. Alors qu'il y a du monde autour de nous, la famille, les amis, les camarades de classe... Mais ça, on ne le sait pas, ou on ne veut pas le savoir.

82

Je n'ai pas d'amis

Pas du tout ? Ou pas les amis que l'on aimerait avoir ? Ce n'est pas la même chose. Si on se fait une montagne d'établir une relation avec quelqu'un, si les autres semblent inaccessibles, on peut essayer de comprendre ce qui se passe et où ça coince. A-t-on du mal à faire le premier pas ? Est-ce trop difficile d'engager la conversation ? Si des sourires ou des regards ont été échangés, ne faut-il pas en profiter pour se jeter à l'eau ? Ou a-t-on la frousse de ne pas savoir quoi dire, la peur que l'autre nous prenne pour quelqu'un de bête et d'inintéressant ?

Très souvent, le sentiment de solitude révèle le peu d'estime que l'on a de soi.

▸ Seul au milieu des autres

La solitude a de multiples facettes. On peut se sentir seul au sein de sa famille ou au milieu de ses copains. Rien ne nous relie à eux car nous n'avons plus les mêmes préoccupations, les mêmes goûts, les mêmes envies ni les mêmes projets. On se sent incompris. De plus, personne ne le remarque et on en souffre beaucoup.

Certains se sentent seuls au milieu des autres parce qu'ils sont effectivement différents : ils aiment la poésie, l'opéra ou la mythologie, et ça effraie les autres ! Ce qu'ils ignorent, c'est que d'autres partagent certainement les mêmes goûts, mais n'osent pas en parler... D'où la nécessité de s'exprimer sans avoir peur du ridicule et d'avoir le courage de ses choix et de ses opinions.

À nous aussi de trouver d'autres terrains d'entente et de partage avec les autres, car il y en a forcément.

▸ J'ai l'impression d'être d'une autre génération

Parfois, on se sent en totale discordance avec les autres. Parce qu'on aime la musique classique, les films des années 1950 ou l'art contemporain, les autres nous prennent pour des ringards. Mais cela nous apprend à défendre nos goûts et nos choix. Ça ne veut pas dire nécessairement « seul contre tous » ! On peut soutenir ce qu'on aime et trouver des terrains d'entente et de partage avec les autres ou bien chercher à rencontrer des gens avec qui partager nos goûts, ce n'est pas si difficile. En fait, on n'appartient pas à une autre génération, seulement, si on aime parler un bon français, par exemple, on ne se prive pas de le faire mais en choisissant ses interlocuteurs... Et puis, après tout, on n'est pas obligé de parler de ce qu'on aime à ceux avec qui on ne peut pas le partager.

▸ Un ami, deux amis, trois amis...

Qu'est-ce qui compte ? Le nombre d'amis ou la qualité de l'amitié ? Difficile à dire, car cela dépend de chacun et, surtout, ce n'est pas la même chose.

C'est agréable de connaître des gens très différents, d'en fréquenter beaucoup, de discuter avec eux et de passer de bons moments ensemble. On peut être amis sans l'être, plutôt « copains ». Mais des amis, des vrais, on n'en a jamais des tonnes, parfois on les compte même sur les doigts d'une main. Un seul peut suffire pour se sentir compris et, surtout, moins seul.

Seul, on se sent oublié, et voir les autres en train de s'amuser, faire des projets de sortie ou se donner rendez-vous, c'est très difficile à vivre.

Bien sûr, on pourrait se forcer à aller vers eux, être celui ou celle qui propose un cinéma ou un concert, mais on n'y arrive pas. On a peur d'ennuyer tout le monde. On se sent tellement transparent.

▸ Pour recevoir, il faut donner

Quand on est petit, tout est si simple. La voisine de palier a notre âge ? Super, on joue avec elle. On va dîner chez des amis de nos parents qui ont des enfants ? On disparaît dans leur chambre comme si on les connaissait depuis toujours. C'est à l'adolescence que ça se gâte. On se trouve parfois gauche, ridicule, nul... Adieu la spontanéité !

Parfois, on se sent pris dans un cercle vicieux. Comme on est seul, on intimide les autres et personne n'ose nous aborder parce qu'on a l'air de mépriser tout le monde. Alors qu'il suffirait de faire les premiers pas pour que tout s'arrange.

Malheureusement, il n'y a pas de remède miracle à la solitude. Si personne ne bouge, ça ne changera jamais ! Il y a un proverbe qui dit : on n'est jamais si bien servi que par soi-même. Un autre est encore plus parlant : qui ne tente rien n'a rien. En d'autres termes, pour recevoir, il faut donner ! Si on reste dans son coin, personne ne va venir nous chercher.

Alors, on retrousse ses manches et on se jette à l'eau ! On s'inscrit dans un club de sport ! On suggère à des copines de réviser un contrôle avec elles (fous rires et petites confidences garantis). On peut aussi proposer un truc tout bête : un cinéma. « J'ai envie de voir le dernier James Bond, et toi ? » Et c'est parti, on fixe une date, un lieu de rendez-vous, et la première étape est passée. Ouf ! Si on habite à la campagne, dans un petit village, et que le premier cinéma est à dix kilomètres, on peut proposer autre chose : un tour à vélo, un jeu sur son ordinateur... Quelque chose qu'on aime bien faire pour être vraiment à l'aise. Si le moment passé ensemble est sympa, il y en aura d'autres...

Un truc qui marche aussi : aller vers les gens qui sont seuls. Un mot suffit pour que la conversation s'engage, car les ados qui se sentent seuls sont... très nombreux et très bavards quand on les aborde ! Enfin, le rire est une sacrée ressource. Raconter une blague, ça rapproche, et on en apprend d'autres.

83

Ma copine n'a pas le droit d'inviter des copains à la maison

Il arrive que les parents ne veuillent pas qu'on invite des copains à la maison après les cours ou le week-end. Ça les dérange ! Ils ont peur qu'on ne respecte pas leur espace, ils craignent le bruit et le désordre. Heureusement, ce n'est pas rédhibitoire !

▸ Comment faire changer les parents

Avec beaucoup de tact, il est possible de faire changer ses parents d'avis ! Surtout si leurs peurs ne sont pas fondées. À 13 ou 15 ans, on est quand même capable de passer un moment dans sa chambre avec un ou plusieurs copains sans tout déranger et sans brailler !

On peut se mettre d'accord sur la durée et la fréquence des visites, le « rayon » d'action dans la maison, les décibels... S'ils résistent, on propose un test ! Inviter une fois une copine ou un copain pour voir si ça marche et si on tient ses promesses ! Bref, il faut les rassurer et leur donner confiance en nous.

▸ Un fort désir de partage

Au-delà de cet aspect pratique, il est nécessaire de les amener doucement à prendre conscience qu'on a besoin de liens avec les autres, que la famille ne suffit plus et qu'eux aussi ont des amis qu'ils reçoivent à la maison. Ils n'en ont pas ? C'est leur affaire, pas ou plus la nôtre... Nous, on ne veut pas rester seuls parce qu'on a besoin des autres pour grandir.

Autre argument : certains parents oublient que leur maison est aussi celle de leurs enfants ! À nous de le leur rappeler délicatement et d'être prêts à entendre des choses du genre : « Puisque cette maison est aussi la tienne, aide-nous donc désormais dans les tâches quotidiennes. » OK, c'est donnant-donnant ! Si nous demandons plus de liberté dans nos mouvements, acceptons de nous conduire en adultes à la maison et d'aider, comme tout le monde.

84

J'ai l'impression de faire fuir tout le monde

Les enfants comme les ados ne sont pas toujours entourés comme on l'imagine. Très souvent, les parents ne sont pas présents autant qu'il le faudrait, alors on s'habitue, on s'adapte...

▸ Effet boule de neige

Certains se sentent en sécurité dans la solitude parce qu'ils y ont été habitués. Restant souvent seuls à la maison parce que leurs parents travaillent beaucoup ou sortent le soir, ils n'ont pas appris ce que sont les liens amicaux.

Parfois, ils ont été gardés par une femme qui *s'occupait* d'eux pour tout ce qui était matériel, mais ils n'avaient pas de vraie relation avec elle. Autre cas de figure : dans certaines familles, il y a peu d'échange parce que la télévision ou l'ordinateur prend toute la place. On mange en regardant une série ou on file dans sa chambre avec son plateau-repas pour *chatter* avec les copains, faire des jeux ou téléphoner.

Il arrive aussi que les parents ne se parlent pas entre eux, qu'ils ne communiquent pas... Le schéma classique du père qui lit le journal ou regarde la télé pendant que la mère est affairée à la cuisine est loin d'appartenir au passé.

Quant à la communication à l'école, l'échange avec les profs, n'en parlons pas ! Il est rare qu'un enseignant ouvre un espace de parole où chacun a la possibilité de s'exprimer.

Tous ces facteurs font que la solitude devient une amie, un refuge nécessaire pour être bien, un paravent qui coupe des autres, une carapace.

▸ Une perception dérangée

Même si on sait comment se ressourcer dans la solitude, si on trouve la paix quand on referme la porte de sa chambre sur soi, on aimerait bien avec des copains. Mais on ne sait pas trop comment faire pour approcher les autres et, surtout, quand on a le contact, comment se comporter. Que faut-il attendre d'eux ? Saura-t-on bien s'y prendre ?

Il n'y a que l'expérience, l'épreuve de la réalité, qui pourra le dire. Il n'y a pas de recette pour être un bon copain ou une bonne copine. C'est le temps qui fait apparaître les petits dysfonctionnements. Certains collent trop leurs amis, d'autres ne sont pas assez présents. Parfois, on parle trop et on empêche les autres de s'exprimer... On se montre trop impulsif ou trop lisse, trop d'accord sur tout... C'est une question de perception. Autre avantage : lorsqu'on écoute ce que disent nos amis de leurs parents, on apprend à relativiser nos problèmes avec les nôtres.

85

Toute la classe le (la) déteste

Il arrive qu'un(e) camarade soit rejeté(e) par toute sa classe. S'agit-il d'un complot ou tout simplement d'une mauvaise attitude de ce (cette) camarade ?

▸ Quand on se la pète

Il n'est pas rare que certains ados se surestiment ! Forts de leur nouvelle peau et de leurs découvertes, ils ne peuvent pas s'empêcher de la ramener, de frimer, croyant déclencher l'admiration, alors qu'ils se font détester. Certains le remarquent et en souffrent parce qu'ils ne comprennent pas pourquoi on les rejette. Alors que c'est tout simple : se mettre au-dessus des autres, c'est s'exclure.

Quel échange peut-on avoir avec un camarade qui sait tout sur tout ? Quelle amitié peut-on ressentir pour un camarade qui se croit extrêmement aimable ? Ou qui est persuadé de tout savoir : comment il faut s'habiller, la musique que l'on doit écouter...

À méditer.

▸ Quand on est différent

Certains adolescents sont vraiment différents des autres. Extérieurement, ils ne sont pas habillés comme tout le monde. Leur coupe de cheveux n'est pas du dernier cri. Ils ne sont pas soignés, sentent un peu mauvais, s'intéressent à des trucs bizarres... bref, ils n'ont rien d'attirant a priori. De plus, ils ne causent pas et ne prennent part à aucune discussion.

Même si le physique joue un rôle primordial à l'adolescence, ce n'est pas une raison pour rejeter quelqu'un. C'est plutôt son manque de contact avec nous, son incapacité à être en lien qui l'exclut. Souvent, il devient la tête de Turc de la classe et en souffre.

▸ Par charité ou par amitié ?

Dans un cas comme dans l'autre, on a le choix entre deux attitudes. Soit on va vers cet élève qui est rejeté et on lui parle. Soit on ne fait rien. Mais justement, ne rien faire, c'est aussi faire quelque chose, en l'occurrence cautionner ou accepter son statut de bouc émissaire. Et si c'était nous ? Qu'attendrions-nous des autres ? Qu'ils nous disent ce qui ne va pas ? Bien sûr. Alors, il faut agir. Par charité d'abord. Par gentillesse aussi. Par amitié ?

86

Je ne supporte pas d'être seul(e)

On associe très souvent la solitude à l'isolement, à la séparation, au deuil, à l'abandon et donc à une grande détresse. Elle ressemble à un monstre dont il faut s'éloigner à tout prix. La solitude a très mauvaise réputation !

Si certains l'apprivoisent quand même et y trouvent un certain réconfort, d'autres ont beaucoup de mal à faire avec. Tout dépend du type de lien que l'on a eu, enfant, avec ses parents et comment on a réussi à se séparer d'eux dans les moments importants de notre enfance.

▸ D'abord un apprentissage

Il est indispensable d'avoir pu d'abord « être avec quelqu'un » avant de faire l'apprentissage de la solitude ! Si on s'est senti bien accompagné par sa maman pendant les premières années de sa vie, par son papa aussi et par la famille proche en général, on peut, en grandissant, lorsqu'un détachement progressif a lieu, apprendre à être seul et bien le supporter. Parce que, pour pouvoir se séparer de quelqu'un, il est indispensable qu'un lien ait pu être construit à l'intérieur de soi et qu'il en existe une trace.

C'est ce type de lien qui permet d'être avec quelqu'un d'autre, mais aussi d'être seul sans que cela soit une source de malaise.

▸ Ensuite une nécessité

La façon dont les premières expériences de solitude ont été intériorisées dans l'enfance nous marque pour toujours dans notre relation à elle. Petit à petit, on s'est approprié cette solitude jusqu'à en faire une partie de soi-même. Si on n'a pas appris à l'apprivoiser avec le soutien de sa famille, on se retrouve en difficulté.

Accepter d'être seul ne veut pas dire rester enfermé pendant des jours sans voir personne, c'est pouvoir rester un après-midi ou une soirée sans personne et ne pas en souffrir. En profiter pour s'occuper de soi, réfléchir à sa vie, échafauder des plans pour l'avenir, lire, écrire, regarder un bon film, ne rien faire, rêvasser en regardant le plafond...

Mon petit jardin secret à moi

Cultiver son jardin secret n'a rien de ringard ! Cela permet de garder le contact avec soi-même, de s'aménager un petit territoire bien à soi dans l'espace géographique familial. On peut le faire de différentes manières. En consignant ses secrets dans un journal intime, en faisant de la peinture ou de la musique... Cela permet de voir que c'est nous qui créons notre vie, que nous en sommes responsables et pas les autres. Et aussi que les autres ne sont pas là pour combler nos manques, mais plutôt pour partager des moments d'amitié et d'amour.

Accepter la solitude, ce n'est pas vivre comme une âme en peine, abandonné de tous. C'est profiter de la formidable occasion qui nous est offerte de nous mettre en contact avec nous-même. Cela nous offre un accès privilégié à notre richesse intérieure, nous donne l'occasion de nous découvrir, de nous sentir uniques et de nous ouvrir ensuite aux autres.

La solitude est constructive, elle permet de marquer une pause dans sa vie, d'être avec soi-même et de s'occuper de soi. Elle redonne une certaine énergie parce qu'elle permet de se recentrer sur soi et de se reposer du monde. Ce face-à-face avec soi-même peut faire autant peur que la rencontre avec les autres. Seul, on tombe le masque pour se retrouver face à soi.

Au lieu de penser que l'on ne peut rien faire tout seul, que l'on est inutile, il est préférable de plonger au plus profond de soi pour découvrir toutes les richesses que l'on possède.

87

Ma copine a déménagé !

Déménager, c'est un peu changer de vie. Aller vers quelque chose qu'on ne connaît pas. Quand cela nous arrive, cette nouveauté fait peur. Quand ce sont les autres, aussi, car on ne va plus les voir aussi souvent qu'avant, et nous aussi on change de vie, en quelque sorte. Alors, que l'on déménage ou qu'une copine le fasse, il faut reconnaître sa tristesse et la dire.

▸ Le fil de l'amitié

Heureusement pour nous, il y a aujourd'hui des moyens formidables pour rester en lien avec ses copains. On peut utiliser le courrier classique (les lettres ou les cartes postales), le courrier électronique, msn, sms...

On peut aussi s'envoyer des photos, des vidéos et même commencer un blog sur sa nouvelle vie. Sans parler des vacances où l'on peut se retrouver et rattraper tout le temps où l'on a été séparés.

Il ne suffit pas de garder l'autre dans son imagination ou dans une certaine nostalgie, il faut aussi actualiser constamment la relation, le lien.

▸ Une sensation de vide

Parfois, le doute s'installe. On se dit : « Je l'ai perdu à jamais ! » ou : « Je ne retrouverai jamais une amie aussi super ! » ou : « Il est irremplaçable ». C'est vrai, un ami ne peut pas en remplacer un autre. Heureusement, car cela voudrait dire qu'il n'y a qu'une seule place pour tous. On retrouve toujours d'autres amis, mais ce ne sont jamais les mêmes : il y a une perte qui est à reconnaître.

L'éloignement d'un ami est source de souffrance et il ne faut pas hésiter à l'exprimer. Si l'amitié est forte, elle peut durer toute une vie, même à distance.

▸ Une relation en accordéon

Bien sûr, ce n'est pas comme avant, mais l'autre n'est pas mort ! Les choses ont changé, les données ne sont plus les mêmes. L'amitié ne s'écrit plus au jour le jour, mais à coups de mails, de sms et de photos échangées. Il y aura des moments de rencontre et des moments d'éloignement. Si l'amitié est très forte, le lien sera préservé et l'histoire continuera. Si ce n'est pas le cas, elle s'éteindra et personne n'en souffrira.

88

Il (elle) est mort(e)

Pour tout le monde, la mort est révoltante. Surtout quand elle touche des jeunes. Lorsqu'un copain meurt, c'est complètement anti-nature. Ce n'était pas son heure...

La mort d'un être proche est toujours un événement violent, une rupture dans la vie, une perte : il y aura désormais un avant et un après.

▸ Pleurer, une nécessité

D'abord on ne veut pas y croire. Puis la douleur monte, on pleure, on crie, tout le corps refuse cette séparation. Inutile de retenir ses larmes. Les parents peuvent être d'un grand secours dans cette première phase du deuil. Les autres amis aussi. Ils peuvent nous dire ce qu'ils pensent de la mort, nous raconter leurs propres expériences, nous consoler. Il est vraiment déconseillé de rester seul avec sa peine.

▸ Angoisses légitimes

La mort provoque toujours beaucoup d'angoisse. D'abord, l'angoisse de savoir qu'un jour on disparaîtra soi-même. On peut aussi culpabiliser d'être encore là, de jouir de la vie alors que l'autre en est privé.

On peut se sentir très mal également parce que l'autre est parti alors que notre entente n'était pas toujours parfaite. On se disputait de temps en temps, on se boudait... Maintenant que c'est fini, on peut s'en vouloir de ne pas avoir été plus délicat, de ne pas avoir demandé pardon quand il le fallait.

Accepter ne veut pas dire oublier

Il faut du temps pour accepter l'absence de l'autre, pour passer du chagrin au souvenir. C'est ce qu'on appelle le « travail du deuil ». Petit à petit, on lâche prise, on s'éloigne pour revenir dans le monde des vivants. Cela prend le temps qu'il faut, et c'est différent pour chacun d'entre nous. Mais cette étape n'a rien à voir avec l'oubli. Non, on n'oublie jamais un être que l'on a aimé. Ce n'est pas non plus le trahir. Accepter de reprendre le cours de sa vie ne signifie pas faire une croix sur celui qui a disparu. C'est une nécessité. On vit désormais avec cette réalité, on l'accepte... et la vie reprend ses droits.

Faut-il aller à l'enterrement ?

Oui, c'est très important de pouvoir participer au rituel, mais il est préférable de se faire accompagner. On a besoin d'être soutenu dans ces moments-là. C'est important pour que le travail de deuil puisse s'initier, autrement dit, pour que commence l'acceptation d'une perte. Mais si on ne peut vraiment pas, il ne faut pas se forcer. On peut essayer de trouver un autre moyen de dire au revoir à son ami...

Que veut dire « faire son deuil » ?

Faire son deuil, c'est arriver à accepter ce qui nous sidère et nous semble inacceptable : la perte d'un être cher. C'est toute la période douloureuse où il faut apprendre à vivre sans lui.

Toutes les civilisations ont inventé des rites pour aider à surmonter la souffrance due à la mort d'un proche. La nôtre aussi. Ils sont nécessaires pour que la perte soit supportable et qu'on ne reste pas enfermés dans sa douleur.

Il y a plusieurs étapes dans le deuil : d'abord, on nie, on ne veut pas y croire, on peut même protester. Ensuite, la douleur déborde, on pleure, on a très mal. On n'a plus de goût à rien. Comme si une rupture avait lieu dans notre vie aussi, la fin de quelque chose. Certains se replient sur eux-mêmes, changent leur rythme de vie et leurs priorités. Ils prennent conscience de la finitude de l'existence et ils le vivent difficilement. D'autres ressassent le passé, idéalisent la personne partie, même si, de son vivant, l'entente n'était pas parfaite. D'autres encore culpabilisent parce qu'ils trouvent qu'ils ne se sont pas montrés assez gentils avec le « futur » mort. Certains parlent à la personne disparue, comme si un dialogue était possible. Ce n'est pas de la folie, c'est une solution pour commencer à inscrire l'absence de l'être cher. Chacun réagit à sa façon et il faut du temps pour accepter l'absence, pour passer du chagrin à des sentiments plus calmes.

Le deuil d'un copain, d'un ami est insupportable. C'est pourquoi il ne faut pas hésiter à demander de l'aide. Auprès des parents et des copains. On peut s'adresser aussi à des adultes en qui l'on a confiance ou contacter Fil Santé Jeunes (0 800 235 236) pour parler et mettre des mots sur les sentiments qu'on éprouve. Et surtout, ne pas oublier que, si on arrive à accepter la mort de l'autre, cela ne veut pas dire qu'on le trahit, mais plutôt que la vie reprend ses droits.

89

Mes parents ne se rendent pas compte que je me sens seul(e)

Par définition, la solitude est la situation d'une personne qui est seule ! Mais on peut se sentir seul(e) alors que l'on vit sous le même toit que ses parents. Cela arrive quand le courant ne passe plus...

▸ Un problème de longueur d'onde

La solitude commence souvent par une attitude permanente de rejet de ses proches. Quand il devient pénible de sortir avec ses parents, que toute idée de rapprochement avec eux est vécue comme une dépendance, c'est le moment où l'on veut « prendre le large ». On a peur de donner une image d'enfant incapable de se séparer d'eux...

Quand on a l'impression que nos parents ne nous comprennent pas, on part en claquant la porte. C'est notre façon à nous de dire combien on a mal. Une porte, en claquant, ça appelle et ça sépare. Mais, même si cela soulage sur le moment, on souffre assez rapidement de cet enfermement. Secrètement, c'est une aide qu'on attend, mais on craint d'être jugé et rejeté. S'installe alors un véritable dialogue de sourds. Nos parents entendent : « Laissez-moi seul(e) » quand on voudrait qu'ils comprennent : « Intéressez-vous à moi. »

▸ Ma chambre à moi

C'est souvent dans sa chambre ou dans un lieu bien à soi que l'on a envie de vivre sa solitude. Pour se couper de tout, on a aussi tendance à se mettre devant la télé ou à visser son baladeur sur ses oreilles. Et la tête dans la musique – même si on paraît présent –, on est déjà plus là. On espère que son malaise va s'envoler, comme par enchantement.

Des mots pour le dire

Il faut éviter de se refermer sur soi-même quand on a des difficultés avec ses parents. Si on n'arrive pas à communiquer avec eux et que l'on souffre de cette distance qui s'exprime par un sentiment de solitude, voire d'abandon, il est vivement conseillé d'en parler à quelqu'un. L'anonymat permet de soulever le voile car on ne se sent pas jugé. Il n'y a donc aucune honte à appeler, par exemple, Croix-Rouge écoute (0 800 858 858, anonyme et gratuit).

XIV

Les amitiés virtuelles

Mieux qu'un chat qui dort au bout du lit en ronronnant, plus fort qu'un chien que l'on doit quand même sortir régulièrement pour faire ses petits besoins, Internet est devenu le compagnon préféré de tous les ados (et de leurs parents) ! Pratique pour trouver des renseignements tous azimuts, pour faire des exposés en un clin d'œil ou commander des places de concert, le Web est aussi un cyber-lieu de cyber-rencontres pour de cyber-amitiés. Que faut-il en penser ? Du bien, du mal[1] ? C'est un peu selon ce qu'on cherche et l'expérience que l'on récolte... Disons qu'Internet est facile pour communiquer sans contrainte et exprimer tout ce que l'on ne veut pas ou ne peut pas partager avec ses amis proches. Un peu comme un journal intime, sauf que là, ce n'est pas dérangeant que le monde entier soit au courant !

1. Voir « Gare aux cyberpièges », p. 155.

90

Les internautes me comprennent mieux que mes copains !

Avant Internet, on s'écrivait plus fréquemment des lettres ou des cartes postales, on s'appelait... Il fallait faire un effort pour rester en communication avec ses amis éloignés et c'est à ces efforts-là que l'on pouvait mesurer l'amitié. Depuis qu'Internet est entré dans nos vies, tout a changé...

▸ Pourquoi c'est mieux

Si le sentiment d'être mieux compris par les internautes que par ses propres copains prend le dessus, on peut se demander pourquoi. Pourquoi est-on plus spontané avec

Internet = vitesse

Ce qui a changé avec le Net, c'est la vitesse de la communication. Du coup, le contact se noue assez facilement sur la toile. Et s'il est vrai que l'on peut prendre son temps pour répondre à un mail (presque comme avec une carte postale ou une lettre), ce n'est pas le même rythme avec les chats. Pas le même rythme, ni le même espace, ni le même temps, et surtout pas le même choix de mots. Tout semble désormais immédiat et c'est parfois compliqué à vivre.

des étrangers qu'avec son entourage ? Que cache-t-on aux uns que l'on ne cache pas aux autres ? À qui montre-t-on son vrai visage ? A-t-on peur de perdre ses vrais amis en leur montrant qui on est vraiment ?

▸ Relations virtuelles, virtualité des relations

Bien qu'Internet soit un moyen de communication, la virtualité des liens qu'on y noue ne peut devenir seule source d'échanges avec les autres ! Nous avons un corps, des yeux pour regarder les autres, des mains pour les toucher, des jambes pour aller nous promener seuls ou à plusieurs ou sortir. Même si on se voit sur une webcam, la relation reste quand même virtuelle ! L'autre est toujours absent, quoi qu'il arrive.

Ce qui donne l'impression d'une grande proximité avec ses amis virtuels, c'est qu'on correspond avec eux du fond de sa chambre, vêtu de son vieux jogging et d'un tee-shirt distendu. Ça se passe dans une certaine intimité.

▸ L'amitié à portée d'un clic

« Simple, rapide, sans engagement », c'est un peu comme ça qu'on peut définir les relations d'amitié sur Internet. Mais de quelle amitié s'agit-il exactement ? D'une cyber-amitié. Une amitié d'abord sans visage, sans rencontre. Une amitié qui fait chaud au cœur et qui peut s'envoler comme un moineau.

▸ Et hop, à la corbeille !

Parfois, il suffit d'un clic pour supprimer un contact, pour jeter son ami virtuel à la poubelle et s'en faire un autre. On n'a pas aimé quelque chose, on s'est disputé, il nous « gave »... clic, on a préféré supprimer la relation plutôt que de s'expliquer. Ce n'est pas grave, puisque des amis, on en a des milliers en attente. Pas de quoi paniquer. On efface et on recommence.

De quelle amitié s'agit-il ?

On peut vraiment se poser la question. À un âge où l'on commence à quitter le nid familial, où la meilleure amie ou le meilleur ami sont très importants, où les autres copains jouent également un rôle essentiel dans notre évolution, on peut se demander ce que l'on va chercher sur Internet. D'autres amis, ou des amis qu'on n'arrive pas à avoir dans la vraie vie ?

Le sentiment de bonheur que l'on éprouve à leur contact ne fait-il pas office de pansement sur nos douleurs relationnelles ? Le fait de pouvoir faire cesser la relation à tout instant ne nous évite-t-il pas de franchir des étapes nécessaires à notre parcours de vie ? La possibilité d'aborder tous les sujets possibles, dont ceux qui touchent à la sexualité, est-elle une garantie d'émancipation et le signe que l'on a enfin grandi ?

Pas sûr du tout...

Sur le moment, c'est rassurant, comme une béquille que l'on prend pour ne pas tomber, mais quand l'ordinateur est éteint, ce petit monde de confidences explose comme une bulle de savon et disparaît. Reste la réalité qu'il faut de toute façon apprendre à affronter.

91

Je m'invente un autre moi quand je discute sur des forums

Avec Internet, on peut faire la pluie et le beau temps ! On peut tout dire et tout montrer, ou même tout inventer. Si c'est un jeu, pourquoi pas ? Mais est-ce une façon d'établir des contacts amicaux ? Si c'est rigolo et pris comme un jeu, pas de problème. Mais si on projette ses désirs pour qu'ils se réalisent enfin, c'est beaucoup moins drôle, parce que complètement utopique.

▸ Entre rêve et réalité

Comme les enfants, il y a des ados qui aiment jouer, se déguiser, s'inventer des personnages... C'est l'imagination qui travaille et on peut vraiment beaucoup s'amuser entre amis. Sur Internet, c'est différent. On peut s'inventer un autre moi, une autre vie, un autre pays. Tout est possible et c'est marrant. Ce qui est moins drôle, c'est d'en prendre l'habitude. De faire croire à d'autres que l'on est un autre !

On court le risque de se perdre entre ce qu'on aimerait vivre et la réalité. S'exercer à mentir et mettre à l'épreuve ce mensonge ne peut faire grandir qu'à condition de pouvoir y réfléchir. S'inventer une autre vie et, à force, y croire, peut faire que l'on se désinvestit de sa propre vie.

Qu'on se laisse aller à rêver dans un monde virtuel, alors que nous avons les pieds sur une terre bien réelle et que la vraie vie est ici, pas dans les ondes !

▸ L'autre aussi s'invente peut-être

Quelle que soit la satisfaction que l'on éprouve en s'inventant un personnage, s'il est vrai qu'on peut dire des choses qu'on n'oserait dire à personne via le Net, on ne sait jamais à qui on parle ! Comment le savoir, d'ailleurs, si l'autre s'invente aussi une identité ? Et quand deux virtualités se rencontrent, ça donne quoi ?

92

Peut-on avoir des « e-amis » ?

À un âge où le corps compte tellement, où les relations amicales ont une telle importance, peut-on vraiment parler de relations d'amitié sur Internet ? Peut-être, mais, à un moment ou à un autre, il faudra bien se rencontrer, non ?

▸ Ce que l'on attend d'une amitié virtuelle

Le contact se noue assez facilement sur Internet. Commentaire ou message instantanés s'échangent avec rapidité : tout est dit en quelques phrases ou presque. Souvent, après plusieurs conversations, on croit déceler quelque chose de plus profond chez la personne avec qui l'on discute par écrans interposés. On aspire à un rapport plus vrai, moins superficiel, et c'est bien légitime.

Bien au chaud et protégé derrière son écran, à l'abri du regard de l'autre, une certaine intimité se met donc plus rapidement en place que dans une amitié normale, d'où un profond sentiment de communion.

▸ Une vraie amitié, oui

Il y a des gens qui se rencontrent sur Internet et se marient... Alors, on peut imaginer que c'est pareil avec l'amitié. Oui, on peut se faire des amis sur Internet, mais pas des centaines. Cela prend du temps, passe par la webcam, msn et le téléphone et, surtout, un jour ou l'autre, par une rencontre en chair et en os. Même si c'est au bout du monde. Quand on veut, on peut !

Faut-il se rencontrer ?

Pour savoir si ça change quelque chose de se voir, on peut en faire l'expérience, mais en toute sécurité, c'est-à-dire jamais seul, en prenant de vraies précautions pour ne pas avoir de mauvaises surprises (voir « Gare aux cyberpièges », p. 155). Et en n'hésitant pas à prévenir la police si on se sent en danger.

La rencontre peut-être très constructive : on s'aperçoit qu'on est vraiment amis et même si on est séparés après, l'amitié peut perdurer.

Si la rencontre est décevante, il faut savoir qu'après, ça ne sera plus pareil !

XV

Trahisons

L'amitié n'est régie par aucune règle, il n'y a pas de contrat non plus et on peut vite se sentir trahi. Un bon ami, c'est juste quelqu'un à qui on offre sa confiance. S'il y a trahison, on garde toujours un sentiment d'amertume, de grosse déception, voire de colère. C'est un peu comme en amour, on ne comprend pas toujours ce qui a pu se passer, on n'a pas vu venir le danger et on a du mal à pardonner.

93

Elle se sent trahie quand je fais quelque chose sans elle

Les bonnes amies ont tendance à tout faire ensemble. À deux, on entreprend beaucoup plus de choses que seul. On n'hésite pas à aller au cinéma, on achète des vêtements ensemble, on se retrouve au café après l'école, on passe des dimanches entiers à papoter dans la chambre de l'une ou de l'autre...

▸ Une fusion qui fait du bien

Au sortir de l'enfance, cette période d'insouciance où la plupart du temps on ne se posait pas de questions, on se balade avec sa copine comme si on se promenait avec un miroir. On se regarde grandir, on réfléchit tout haut, on se copie, on se critique, parfois même on se jalouse... Mais ça fait du bien ! Cette proximité est nécessaire pour mûrir, nécessaire pour oser se dépasser. C'est tellement rassurant de se dire qu'on n'est pas tout seul. Alors, quand l'une ou l'autre fait quelque chose de son propre chef... ça coince !

▸ De l'air !

Comme dans une relation d'amour, en amitié on doit veiller à se garder des plages de temps pour soi, pour faire des choses soi-même, sinon on étouffe ! Et c'est ce qui arrive dans bien des relations. On n'ose pas dire que l'on a envie d'aller acheter des livres tout seul ou encore que l'on a envie d'aller boire un verre avec tel ou tel copain ou copine... Alors on ne dit rien, et l'autre l'apprend : c'est la cata. Cela ne veut pas dire qu'on renie ses amis pour autant. Il ne faut pas confondre la liberté nécessaire à toute relation et la rupture.

Pour éviter tout problème, mieux vaut être clair avant. Poser des jalons. Prévenir que l'on a besoin d'air et que c'est normal.

94

Elle est jalouse de moi

La jalousie n'existe pas qu'en amour ; elle peut se révéler tout aussi destructrice en amitié. Lorsqu'on accorde son amitié à une copine ou à un copain, on lui donne en même temps une place privilégiée dans notre vie, on attend une promesse de continuité. On partage, on échange, on a du plaisir à se voir et à faire des choses ensemble. Parallèlement, on se met en situation de dépendance face à cette personne. Au fur et à mesure qu'elle se construit, plus encore dans une amitié fusionnelle, la relation peut devenir insatisfaisante pour l'un(e) des deux ami(e)s. Naît alors un sentiment d'insécurité qui, peu à peu, se transforme en jalousie si on a l'impression que l'autre s'éloigne ou nous échappe.

▸ Jalouse, envieuse de quoi ?

On n'est pas jaloux(se) sans raison ! On peut être envieuse d'une situation, par exemple on a une copine dont les parents ont beaucoup d'argent et elle a tout ce qu'elle veut. On peut être envieuse des cheveux d'une copine, de sa silhouette. Parfois même de son petit ami... Quelle que soit leur intensité, la jalousie et l'envie sont synonymes de malaise, de manque de confiance en soi.

▸ Trop, c'est trop !

Qu'on la ressente ou qu'on la subisse, la jalousie peut devenir oppressante si elle prend des proportions démesurées. Même si c'est un sentiment normal, il faut le canaliser pour que la relation ait une chance de durer. Pour qu'elle soit vivable, pour le bien-être de chacun. Car elle peut être destructrice si elle se transforme en possessivité maladive ou en haine. Envier de manière bienveillante signifie reconnaître ce qui fait la différence avec notre ami(e) et apprendre à l'apprécier.

Se sortir de la jalousie, c'est possible

Admettre que l'on est jaloux(se) signifie faire un grand pas dans la relation. Pourquoi suis-je jaloux(se) ? D'où vient ce sentiment ? Que cache-t-il ? Ai-je de bonnes raisons d'être envieux(se) ? Voilà les questions que nous avons à nous poser ou à poser à notre copine (copain) si c'est elle (lui) qui éprouve ce sentiment ou encore, si on se rend compte que c'est sa manière à elle (lui) de se mettre en valeur. Que c'est cela qui fait naître ce sentiment chez nous. La jalousie révèle souvent une peur de perdre l'amitié ou un manque de confiance en soi. Mettre des mots sur ce sentiment permet d'avancer de façon constructive. Cela donne aussi l'occasion de crever l'abcès et de désamorcer une situation pesante. En tout cas, c'est une bonne occasion de parler et de remettre à plat sa relation amicale.

95

Mon (ma) meilleur(e) ami(e) ne donne plus de nouvelles

Malheureusement, comme l'amour, l'amitié n'est pas forcément éternelle. On a tendance à y croire, à se dire à la vie à la mort, et finalement, ça finit par péter. Souvent, on rompt à l'occasion d'une dispute, mais il arrive aussi qu'on n'entende plus parler de l'autre du jour au lendemain et qu'on ne puisse plus le joindre. Ressenti comme une trahison, cet éloignement brutal est toujours difficile à encaisser.

▸ Ruptures brutales

De nombreux facteurs peuvent amener à plus ou long terme à une rupture, alors que l'amitié paraissait inébranlable. Globalement, on distingue deux sortes de cassures : les ruptures brutales, violentes, qui découlent d'une trahison, d'une dispute, ou du fait que l'autre ne supporte plus le type de relation que nous entretenons. Si aucun des deux amis n'est prêt à reconnaître ses erreurs, le lien est inévitablement brisé. Et les ruptures dues au temps ou à la distance, à ces phénomènes qui font que, par manque de disponibilité ou d'intérêts communs, on se voit moins.

Certes, ce n'est pas une raison pour disparaître du jour au lendemain. Mais chacun fait ce qu'il peut avec son histoire. Autrement dit, si un(e) ami(e) choisit cette solution-là, ce n'est certainement pas par plaisir, mais tout simplement parce qu'il (elle) ne peut pas faire autrement. À nous de savoir si on lui donnera une chance le jour où il (elle) réapparaîtra.

▸ Ça passe ou ça casse ?

Parfois, on a besoin de mettre un terme à une amitié. Quand deux amies changent chacune à sa manière, leurs points communs diminuent. Moins on a de choses à échanger avec quelqu'un, plus l'intérêt de se confier et de partager s'amoindrit.

Les séparations peuvent avoir du bon

La majorité des séparations sont douloureuses, mais parfois elles permettent des prises de conscience bénéfiques. Toutes les adolescentes veulent avoir une meilleure amie, mais elles ne la choisissent pas toujours bien, et des rapports de dépendance peuvent s'instaurer à leur insu. Le besoin de parler, de se livrer, d'être aimées est tellement fort qu'elles sont prêtes à faire beaucoup de concessions. Parfois trop. Elles se retrouvent sous la coupe de personnalités plus affirmées, parfois un peu sadiques ou du moins tyranniques, qui leur dictent leur comportement et qui ont trop d'influence sur elles. La séparation est alors une vraie renaissance. Tout à coup, elles retrouvent leur liberté, leur intégrité. Et elles sont prêtes pour de nouvelles amitiés.

La rupture d'une amitié est aussi parfois voulue. À l'adolescence, le lien est exclusif. On se cherche dans l'autre, c'est un rapport assez narcissique, parfois dans la domination. Mais comme dans tout rapport d'inégalité, l'un des amis peut souffrir et étouffer. Alors un jour, il ressent le besoin impératif de prendre le large.

Quand on a une meilleure amie, c'est pour la vie ! On se confie tout, on partage tous les moments importants. Et puis un jour, sans raison particulière, l'une prend ses distances. C'est le drame. Ce n'est qu'avec du recul et du temps qu'on relativise.

96

Je n'arrive pas à lui pardonner sa trahison

Même si une trahison est ressentie comme impardonnable, il serait bien de faire un effort pour pardonner, pour soi, pour son épanouissement personnel.

▸ Qu'est-ce que le pardon ?

Pardonner, c'est avoir le courage, et non la faiblesse, d'oublier le ressentiment, l'amertume ou la haine que l'on éprouve pour l'ami(e) traître. C'est savoir tourner une page douloureuse, sans aucune amertume, en acceptant les failles de l'autre. Cela revient à accepter son erreur et à faire preuve d'une grande tolérance, d'une ouverture d'esprit qui admet l'erreur de l'autre et accepte qu'il (elle) ait pu nous faire souffrir.

▸ Pourquoi c'est important de pardonner

Pardonner ne veut pas dire oublier. Ce n'est pas obligatoirement excuser un acte qui nous a fait souffrir. C'est encore moins une faveur que l'on accorde à l'ami(e) ou un moyen pour qu'il se sente mieux ou recommence. En revanche, c'est remettre dans un contexte donné ce qui a pu motiver cet acte déloyal.

Savoir pardonner peut être un acte égoïste : une façon de se sentir plus léger, plus heureux. C'est aussi un moyen de soulager son cœur, de revenir à un état de liberté vis-à-vis du passé.

Savoir pardonner, ce n'est pas fermer la porte à une réconciliation. Il est parfois possible de renouer les liens, après avoir pris du recul sur les événements.

97

Le copain de mon amie me drague

Séduire la copine de son amie, ça ne se fait pas, car c'est de la trahison pure et simple. Se taire et accepter de se faire draguer, c'est être complice, malgré soi. Alors, que faire ? Le dire à son amie ? En parler d'abord avec le garçon ? Même quand on est ado et un peu volage, il y a certaines valeurs à respecter. L'amitié en fait partie.

▸ Affronter le déni

Quand on choisit de dire la vérité, et de surcroît une vérité qui blesse, on risque de se heurter à un déni ! L'autre ne peut pas nous croire parce qu'il ne veut pas. C'est humain. La trahison fait tellement mal.

Difficile d'insister quand personne ne nous croit et surtout quand on donne l'impression d'être irrésistible. Lui : « Moi ? Mais tu ne m'intéresses pas du tout. » Elle : « Toi ? Il te drague ? » Alors qu'on sait très bien quand un garçon est intéressé. Il le manifeste par des regards, des gestes parfois...

▸ Tenir bon

La vraie amitié emprunte parfois des chemins chaotiques, mais c'est aussi comme ça qu'elle se renforce. Au travers des épreuves. Alors, quand on tient à son amie, on se doit de lui ouvrir les yeux. Même si on sait qu'après, il faudra la consoler et la soutenir face à la trahison de son copain. Au risque de la perdre.

98

Il est sorti avec ma copine (elle est sortie avec mon copain)

On ne l'a pas vu venir. C'est quelqu'un qui nous l'a dit. C'est affreux, horrible, comment ont-ils pu ? C'est ce qu'on se dit quand on s'aperçoit que l'irréparable a été commis. On s'entendait si bien tous les trois. Qu'est-ce qui a pu se passer ?

▸ Un triste constat

L'amour est aveugle. Ce n'est pas une légende. Et quand une telle trahison a lieu, on n'a plus que ses yeux pour pleurer. Comment pardonner à sa meilleure amie ? Comment pardonner à son amoureux ? D'une minute à l'autre, on perd ce qu'on a de plus cher au monde et c'est extrêmement douloureux.

N'a-t-on rien vu venir ? Pourtant, il y a des signes. Des regards appuyés, des gestes enveloppants qui ne trompent pas. Qu'est-ce qui s'est passé ? Pourquoi n'a-t-on rien vu ? Rien voulu voir ?

▸ Trop de confidences ?

On confie tout à sa meilleure amie, même les choses que l'on partage avec son amoureux, dans les détails. Ses doutes, ses espoirs, ses joies, ses peines. Et on fait la même chose avec lui. On raconte sa meilleure amie sous toutes ses coutures, on énumère ce qu'elle fait de bien, ce qu'elle espère des garçons. Il y a quelque chose qui circule entre les trois, quelque chose qui fait qu'un jour ça se mélange. Et c'est le drame. Lui a été séduit par elle. Elle a succombé à son charme.

▸ Que faire ?

Prendre son cœur comme boussole. Replacer cette infidélité des deux côtés dans son contexte. Dans un premier temps, il est essentiel de prendre du recul. De la distance. De s'éloigner, même après avoir exprimé sa déception profonde et sa colère.

C'est le temps qui rassemblera les deux amies ou les deux amants... mais plus les trois ensemble.

99

Elle n'est plus la même quand elle est amoureuse

À l'adolescence, les histoires d'amitié sont passionnelles. On est dans une phase où on a besoin d'apprendre à se connaître en dehors de la famille et de créer un cocon ailleurs. C'est pour cela que les amis deviennent si importants. Mais attention, ce n'est pas une raison pour vouloir les garder à tout prix et ne pas accepter qu'ils prennent leur envol amoureux !

▸ La trahison suprême : avoir un petit ami !

Quand on a une copine qui est amoureuse, c'est plutôt normal qu'elle ait la tête à l'envers. Et qu'elle ne soit plus aussi présente et attentive que d'habitude. Une première idylle, c'est passionnant, stimulant... et ça prend du temps. Aimer d'amitié, c'est accepter que l'autre s'octroie cette liberté-là, qu'elle s'autorise à vivre l'amour, tout en sachant que rien de l'amitié commune ne pourra être effacé... même par un beau mec !

L'amitié a pour fondement la confiance mutuelle. Entre amies, on se livre des secrets très intimes, avec la certitude qu'ils seront bien gardés. Les dévoiler serait violer la parole donnée, se conduire en traître. La relation amicale en serait altérée et risquerait de s'effondrer sur-le-champ.

Ne pas accepter l'épanouissement amoureux de son ami(e) peut prendre la forme d'un chantage affectif qui risque de se terminer en règlement de comptes : puisque tu es allé(e) voir ailleurs, tu vas me le payer !

▸ Une jalousie mal placée

Dans l'amitié comme dans l'amour, la jalousie existe. L'arrivée d'un(e) petit(e) ami(e) est souvent vécue comme une trahison. La peur d'être détrôné(e) par une autre fille ou par un garçon, de ne plus être le centre d'intérêt de son ami(e), de ne plus être le (la) préférée, peut déclencher des crises de possessivité, voire de vengeance plus ou moins fortes qui risquent d'altérer ou de détruire une relation. Le (la) petit(e) ami(e) a droit à des attentions particulières, à des confidences qui étaient avant le privilège du (de la) meilleur(e) ami(e). Et ce partage n'est pas toujours bien toléré. La rivalité s'exprime et l'amitié en fait les frais. C'est encore un des dangers de l'amitié exclusive.

100

Elle (il) me manque

La perte d'un(e) ami(e) est toujours une phase douloureuse et difficile à vivre, même s'il (si elle) a trahi. Même si on s'est trompé sur lui (elle). Même si on a du mal encore à cicatriser.

▸ Un lien très fort

Le rapport d'amitié est un rapport affectif intense dénué de toute sexualité, ce qui le distingue du rapport amoureux. Même si l'intimité est grande, l'absence de désir est la seule vraie différence. Ce lien affectif est d'autant plus fort qu'il est choisi, contrairement aux liens familiaux.

À l'adolescence surtout, on a tendance à se confier pleinement l'un à l'autre, à s'oublier même un peu dans ce duo en ne vivant qu'à travers cette amitié. On n'entreprend plus rien seul, on pense en fonction de l'autre, on fait des projets par rapport à ceux de sa moitié, exactement comme dans un couple.

Quand la rupture intervient et que l'on se retrouve seul face à soi-même, on a l'impression d'être bancal. On se sent abandonné, trahi, lâché en plein vol, avec la peur de s'écraser. C'est presque aussi violent que de se faire plaquer par son amoureux !

▸ Se remettre d'une rupture amicale

Quand une amitié se rompt, il est important de ne pas souffrir passivement, mais, comme pour tous les coups durs, d'apprendre à remonter la pente pour surmonter la perte. Si la rupture découle d'un fait précis comme une dispute ou une trahison, seul le dialogue peut permettre de recoller les morceaux, d'éclaircir le malentendu. Si tout le monde est d'accord. Il ne sert à rien de harceler l'autre en cherchant le « vrai du vrai » pour justifier la rupture.

En revanche, si la séparation est due au temps ou à la distance, inutile d'analyser, de comprendre ce qui a engendré cette situation. Il est fort probable que chacun ait évolué de son côté et qu'il n'ait plus le temps ou bien plus grand-chose à dire à l'autre. C'est alors un éloignement logique qu'il vaut mieux admettre et dépasser sereinement.

Même si la situation est difficile à accepter, il faut garder à l'esprit que l'on ne peut pas fonder une amitié sur un travail de mémoire. Tenter de réfléchir en détail à la rupture et en tirer les conséquences a un effet positif sur notre vie. N'est-ce pas mieux ainsi ? Que dois-je retenir de cette amitié ?

Après ce travail, il est nécessaire de se remettre. Comme en amour, seul le temps pourra estomper le chagrin. En attendant, il est conseillé de sortir, de voir des amis, de s'occuper l'esprit. S'investir dans ses études ou dans son travail peut aussi être un bon moyen de penser à autre chose. Essayer aussi de se souvenir des bons moments avec plaisir, et non avec nostalgie. Car c'est le top. Cela veut dire que l'on a pardonné. Et c'est gagné !

XVI

Comment se faire aider ?

▸ À qui s'adresser ?

Dans toutes les périodes de changement, on rencontre des difficultés nouvelles, qu'il faut surmonter. Parfois un coup de pouce suffit, et les adultes qui nous entourent peuvent le donner. Ils sont déjà passés par là, et il y a plus de gens disponibles et sympas qu'on ne l'imagine parfois.

Oncle, tante, animateur sportif, éducateur, professeur principal, infirmière, ou tout simplement celui ou celle avec qui on se sent des affinités... C'est pour cela qu'il est bien, avant d'avoir des difficultés, de se choisir un adulte avec qui parler, nouer des relations plus intimes. Il ou elle nous connaîtra bien, et au besoin il nous sera plus facile de demander de l'aide.

Quelquefois, il suffit de parler avec quelqu'un d'expérience qu'on apprécie pour comprendre plus clairement ce qui nous arrive, et se sentir soutenu.

Il pourra aussi juger de nos difficultés, et nous envoyer vers d'autres personnes mieux placées que lui ou elle pour les résoudre.

Les psys font parfois peur. Parce qu'ils ont la réputation de soigner les « fous », et de voir à l'intérieur des gens. Souvent, ce sont les parents qui veulent y envoyer leurs enfants, parce qu'ils sentent que le courant ne passe plus et ne savent pas comment s'y prendre. Cela peut être une occasion d'explorer des difficultés familiales qui nous dépassent largement.

Les personnes-ressources

Pour des problèmes de santé physique
- l'infirmière scolaire
- le médecin de famille
- les services pédiatriques ou pour adolescents des hôpitaux

Pour des problèmes de mal-être ou de déprime
- l'infirmière scolaire
- les centres spécialisés (en appelant le numéro national ci-dessous pour obtenir l'adresse locale)
- le psychiatre

Pour des problèmes de violences, d'abus sexuels, de racket
- l'assistante sociale scolaire
- le commissariat ou la gendarmerie
- le juge des mineurs

Pour des conflits familiaux
- l'assistante sociale scolaire
- le juge aux affaires familiales

Pour des problèmes de scolarité et d'orientation
- le professeur principal, le conseiller principal d'éducation ou CPE
- le conseiller d'orientation, que l'on peut voir au Centre d'information et d'orientation, gratuit et ouvert à tous (adresses à la mairie).

Qui peut faire quoi ?

• Le médecin scolaire : il voit les adolescents dans le cadre de la visite scolaire. Il ne soigne pas, mais il peut détecter des problèmes de santé, ou un mal-être psychologique et adresser à d'autres médecins.

• L'infirmière scolaire : il y en a une dans tous les établissements scolaires ; ses horaires de présence et quelquefois un numéro de téléphone où la joindre sont affichés à l'infirmerie. Elle connaît bien les problèmes des jeunes, est de bon conseil pour juger de la gravité d'une difficulté. Elle peut donner toutes les adresses locales (centre de planification familiale le plus proche, par exemple), et faire le relais avec l'administration ou même les parents. En cas d'urgence, elle peut donner « la pilule du lendemain ».

• Le médecin de famille : c'est la personne à aller voir en priorité en cas de problème, si on se sent en confiance avec lui, et si les parents sont d'accord pour faire le chèque de la consultation. À partir de 13 ou 14 ans, on peut demander à le rencontrer seul pour se faire examiner et pouvoir poser toutes ses questions. Tous les médecins sont tenus au secret professionnel, y compris à l'égard des parents, et peuvent adresser à un spécialiste si nécessaire.

• Le/la gynécologue : il n'est pas indispensable pour une adolescente d'aller voir un gynécologue. Mais si on rencontre des problèmes particuliers, si on se pose des questions sur le fonctionnement de son corps, cela peut être une bonne manière de faire le point. Certaines jeunes filles ont peur de l'examen gynécologique : le gynécologue ne le pratique qu'après les premières relations sexuelles. En revanche, si on envisage d'en avoir régulièrement, il est souhaitable de se faire suivre une fois par an.

• Le psychiatre
C'est le médecin des difficultés affectives, relationnelles et familiales. Certains sont plus spécialisés pour les adolescents. Il peut rencontrer les parents, mais voit aussi les adolescents seuls. Il évalue les difficultés et, souvent, il

suffit de quelques rendez-vous pour que les choses s'améliorent. Il peut proposer des traitements, soit une psychothérapie, individuelle ou en groupe ; ou encore une psychothérapie familiale, soit parfois des médicaments.

• Le psychologue

Il connaît le fonctionnement psychologique de l'être humain et les principales difficultés psychiques. Il ne prescrit pas de médicaments, mais fait des évaluations et des accompagnements psychothérapiques.

Pour s'engager dans une psychothérapie, il faut plusieurs conditions

Souffrir d'un malaise ou d'un mal-être suffisant pour éprouver le désir d'aller mieux.

Reconnaître que cette difficulté ne vient pas seulement de l'extérieur (les parents, les profs, la société...).

En avoir assez de la répétition des mêmes erreurs ou difficultés dans les situations de la vie, et donc avoir envie de s'en débarrasser.

Savoir que parler de ce qui va mal ou fait souffrir permet de mieux cerner ce qui se passe pour aller mieux.

Accepter l'idée qu'on dépend aussi des autres pour son bien-être, qu'on ne peut pas toujours résoudre seul et par soi-même ses propres problèmes.

Avoir assez confiance dans son thérapeute pour y arriver.

• Le psychothérapeute

Cette profession n'est pas réglementée en France, et n'importe qui peut s'appeler ainsi. Il est donc prudent de s'assurer qu'il a une bonne formation.

Toutes ces personnes sont tenues au secret professionnel et n'entreront pas en contact avec nos parents, sauf en cas de danger immédiat pour nous. Si on n'accroche pas avec un thérapeute, mais que la démarche nous convient, on peut tout à fait aller en voir un autre.

▸ Les lieux à connaître

- Les points d'écoute jeunes

Il y en a dans les grandes villes ; ce sont des lieux où sont proposées aux jeunes mineurs et majeurs des informations, des activités, des permanences d'écoute. Ils peuvent servir de relais vers d'autres centres d'accueil.

- Les CMP (centres médico-pédagogiques) et les CMPP (centres médico-psycho-pédagogiques)

Ces lieux de consultation accueillent les jeunes jusqu'à 16 ou 18 ans, gratuitement, sur rendez-vous. Ils regroupent dans un même endroit les divers intervenants possibles auprès des adolescents : pédopsychiatre, psychologue, assistant(e) social(e), infirmier, éducateur spécialisé, orthophoniste, psychomotricien. Il y en a dans toutes les villes et on peut trouver les adresses, avec les horaires d'ouverture et les permanences d'accueil, par exemple à la mairie. Y aller avec la carte Vitale de ses parents, ou la sienne si on en a une. On peut parler seul à seul avec un accueillant, qui est tenu au secret professionnel.

- Les centres de planification familiale

Accueil anonyme et gratuit des mineurs et informations pour tous les problèmes de contraception ou de grossesse, par des conseillères conjugales et familiales. On peut s'y procurer la « pilule du lendemain » gratuitement pour les mineurs. Et, dans certains cas, la pilule aussi.

• L'hôpital

– Les urgences

Elles servent, comme l'indique leur nom, à répondre à une situation d'urgence imprévisible. Il existe quelques unités accueils d'urgence pour les adolescents, en cas de tentative de suicide par exemple, ou de crise de violence.

– Les consultations spécialisées

Il existe dans les hôpitaux des services de pédiatrie qui accueillent les adolescents, en principe jusqu'à 18 ans. Certains se sont dotés de consultations spécialisées pour les adolescents : on peut y demander un rendez-vous. Ils peuvent hospitaliser les adolescents si nécessaire.

– Les hôpitaux de jour

Ils accueillent dans la journée des adolescents qui éprouvent des difficultés lourdes et ne peuvent poursuivre leur scolarité dans des conditions normales.

• Les centres spécialisés Drogue Alcool Tabac infos services : accueil gratuit, informations et suivi pour tous les problèmes de dépendance.

• Les postes et commissariats de police (dans les grandes villes) et les gendarmeries (partout ailleurs en France)

Pour demander du secours ou porter plainte, par exemple après avoir été victime d'un racket, un mineur doit être accompagné de ses parents ou, à défaut, d'une personne majeure. Sauf bien sûr s'il s'agit de déposer plainte en cas de maltraitance contre ses parents...

▸ Qui contacter par téléphone ?

Police secours	17
Pompiers	18
Samu	15
Renseignements	12

Les Numéros verts (gratuits), avec quelqu'un au bout du fil pour vous écouter :

Fil Santé Jeune	0 800 235 236
Drogue Alcool Tabac infos services	0 800 23 13 13
Écoute Alcool	0 811 91 30 30
Écoute Cannabis	0 811 91 20 20
Croix-Rouge Écoute	0 800 858 858
Sida infos service	0 800 840 800
Suicide écoute	01 45 39 40 00
Jeunes violence écoute	0 800 20 22 23
Allô Enfance maltraitée	119
Viol Femmes Informations	0 800 05 95 95
SOS Amitié	01 40 09 15 22

(voir le numéro le plus proche de la maison sur http://www.sos-amitie.org)

À Paris :
Paris-ado-service, accueil d'urgence pour les 13-21 ans
01 42 40 20 42 et 01 44 52 03 34 (nuit).

Les sites internet
http://www.droitsdesjeunes.gouv.fr
Nul n'est censé ignorer la loi : on trouve sur ce site gouvernemental toutes les lois qui régissent les relations entre les mineurs et l'école, la famille, la ville... On peut aussi y chercher les coordonnées des services d'aide aux victimes (qui dépendent des tribunaux) de chaque département. Et aussi un lexique de tous les termes juridiques à connaître (tribunal, délit, peines...).

http://www.filsantejeunes.com

On y trouve beaucoup d'informations concernant la santé physique et psychique, sous forme de dossiers, on peut y poser des questions et recevoir rapidement des réponses, on peut chercher les adresses proches de chez soi, et aussi participer à des chats, forums...

À qui s'adresser en Suisse ?
http://www.ciao.ch

À qui s'adresser en Belgique ?
wwww.parolesdados.be

À qui s'adresser au Canada ?
wwww.jeunesensanté.ca

Table

Composition IGS-CP

Impression : Imprimerie Floch, avril 2009
Éditions Albin Michel
22, rue Huyghens, 75014 Paris
www.albin-michel.fr

ISBN : 978-2-226-18730-7
N° d'édition : 25548 – N° d'impression : 73746.
Dépôt légal : mai 2009.
Imprimé en France.